LÉGENDES D'UN PEUPLE

Alexandre Belliard, paroles et musique
Gilles Laporte, textes historiques

Préface de Richard Séguin

TOME
I

LES DISQUES GAVROCHE

CRÉDITS

Auteurs
Alexandre Belliard, paroles et musique
Gilles Laporte, textes historiques

Réalisation / arrangements
Hugo Perreault & Alexandre Belliard

Musiciens
Hugo Perreault, Guido Del Fabbro,
Philippe Brault, Éric Goulet, Richard Séguin

Conception graphique
Olivier Ménard

Réviseure
Marie-Claude Leblanc

REMERCIEMENTS

Pierre-Philippe Gingras et Luc Lefebvre.

ÉDITION

Les Disques Gavroche
Ulverton, Québec
www.legendesdunpeuple.com

Légendes d'un peuple - Tome 1

ISBN 978-2-9813590-0-1

Dépôt légal - Bibliothèque et Archives nationales du Québec, 2012
Dépôt légal - Bibliothèque et Archives Canada, 2012

Avant-propos

La poésie, un chemin vers l'histoire

C'est mon intense intérêt pour certains poètes à qui j'ai dédié des chansons, notamment Denis Vanier (*La star du rodéo*), Arthur Rimbaud (*Rimbaud d'enfer*), Renaud Séchan (*La chanson à Renaud*) ou Marie Uguay (*Marie les ombres*), qui m'a d'abord donné l'idée de me consacrer entièrement à l'écriture de chansons mêlant histoire et littérature. *Légendes d'un peuple* est pour moi l'occasion inouïe d'allier ma passion pour l'histoire, la poésie, la littérature, la musique et la politique « *en un seul projet nombreux* », pour paraphraser Gaston Miron.

Mais c'est suite à une conférence de l'historien Gilles Laporte à la Maison nationale des Patriotes que *Légendes d'un peuple* prit son véritable élan. Lui confiant à cette occasion mon désir de chanter l'histoire des francophones d'Amérique, il me conseilla, sourire en coin, de jeter un œil à *La légende d'un peuple* de Louis Fréchette. Une onde de choc s'en suivit! Un poète qui raconte l'histoire de son peuple avec faste et magnificence… et il y en avait d'autres : Garneau, Chapman, DesRochers, Beaulieu, Godin, Lalonde, Bacon! La rencontre tombait à point. Sans le savoir, ou peut-être en le sachant un tout petit peu quand même, Gilles venait de me faire un cadeau qui allait changer le cours de ma carrière d'auteur-compositeur-interprète et m'offrir du coup les clés d'un univers chargé de mémoire et de poésie. Quel honneur, quel bonheur, de le voir aujourd'hui sauter dans l'aventure avec tout l'enthousiasme, la rigueur et l'engagement qui l'alimentent!

Légendes d'un peuple

Je décidai de reprendre le flambeau de *La légende d'un peuple* que Louis Fréchette semblait tendre aux générations futures et rendre ainsi hommage à ceux qui, bien avant moi, eurent l'idée et le désir d'ainsi marier histoire et poésie. Tous ces personnages, ces auteurs, ces événements que je découvre depuis m'habitent et m'émerveillent, comme à la découverte d'un nouveau continent. Ce nouveau monde, c'est l'histoire qu'on m'avait trop peu enseignée; celle de l'établissement des francophones en Amérique et des relations avec les Premiers Peuples qui y vécurent bien avant eux. J'offre ainsi ces chansons, comme un espoir donné aux souvenirs afin de célébrer et de partager la mémoire de ces hommes et de ces femmes qui, comme nous, ont rêvé, aimé et bâti ce pays.

À mes autres précieux collaborateurs, Hugo Perreault, David Murphy, Guido Del Fabbro, Éric Goulet, Philippe Brault, Lise Raymond, Lise Blanchard, Marie-Claude Leblanc, Olivier Ménard et Richard Séguin je dis merci et que : « JE ME SOUVIENS »!

Alexandre Belliard

Préface

C'est en 1883 qu'Eugène-Étienne Taché fit inscrire au-dessus de la porte centrale de l'hôtel du parlement de Québec la devise « Je me souviens ».

Il savait que toute mémoire est subversive, et que s'il manque souvent des pages dans nos livres d'histoire, c'est qu'elle est écrite le plus souvent par les vainqueurs.

Ce livret, fruit d'une collaboration stimulante et fructueuse entre Alexandre Belliard et l'historien Gilles Laporte, situe les chansons de l'album *Légendes d'un peuple* dans leur contexte historique. De telles œuvres sont essentielles pour se rappeler et ne jamais oublier le temps des droits usurpés, le temps des affronts, le temps des colères, la vie quotidienne, les hivers longs et froids, la lutte et le combat constant d'un peuple en quête d'un pays.

La démarche d'Alexandre est celle d'un homme engagé. Trop souvent, nous sommes des analphabètes de l'histoire, incapables de mesurer le poids de l'héritage du passé sur notre inconscient collectif. C'est pourquoi nous devons chercher dans le passé et apprendre de la vie collective de nos ancêtres et des préoccupations réelles de ceux qui peuplaient ce territoire. Nous devons décoder les règles du jeu des institutions politiques de l'époque, interroger les agissements des conquérants dans l'exercice du pouvoir pour comprendre comment, et pourquoi, à travers le temps, le peuple du Québec a dû se battre pour ses droits et ses aspirations.

J'aime quand on me parle du pays. J'aime que l'on me raconte notre passé. J'aime ce travail d'écriture de Belliard, car il répond au besoin pressant de reconnecter avec notre histoire, nos racines, notre passé et le temps présent pour mieux parler de ce que sera demain.

Oui, toute mémoire est subversive...

Richard Séguin
Saint-Venant-de-Paquette, octobre 2012

ST-DENIS

~

Louis Fréchette

Un jour après avoir longtemps courbé le front
Le peuple se leva pour venger son affront
Et puis finalement remporter la victoire
On croit rêver devant cette page d'histoire

À songer que ces gens, sans chef, mal équipés
Fiers revendicateurs de leurs droits usurpés
Dans leur révolte sainte et leur courage austère
Osaient braver ainsi la puissante Angleterre

Oh... à Saint-Denis
Oh... à Saint-Denis

Mais la force et l'audace au nombre suppléant
La lutte fut épique et le combat géant
Dans les folles clameurs et les trombes de fer
Le village assiégé grondait comme un enfer

C'étaient eux les soldats – chose incompréhensible –
Qui pour un tir fatal semblaient servir de cible
Impossible! Et bientôt, tout le long de la route
On vit s'enfuir au loin les Anglais en déroute

Louis Fréchette

La victoire de Saint-Denis

La Grande-Bretagne n'a pas lésiné afin d'« écraser dans l'œuf » la rébellion patriote. Aussi, quand on apprend en novembre 1837 que Louis-Joseph Papineau a discrètement quitté Montréal pour trouver refuge dans le petit village de Saint-Denis-sur-Richelieu, l'armée anglaise mobilise pas moins de 300 soldats pour accompagner les juges de paix chargés d'arrêter le chef patriote.

Parti de Montréal avec ses hommes à bord du bateau à vapeur St-George, le lieutenant-colonel Charles Stephen Gore apprend à Sorel que des villageois s'apprêtent à lui barrer la route à Saint-Denis. Il déploie aussitôt ses troupes et donne l'ordre de marcher toute la nuit.

L'armée arrive aux portes de Saint-Denis au matin du 23 novembre. Les soldats sont trempés et épuisés par leur marche forcée sous une pluie glaciale. De leur côté, les patriotes de Saint-Denis sont déjà sur le qui-vive. Les quelque 200 résistants mal armés reçoivent constamment des renforts, si bien que le nombre de défenseurs s'accroît tout au long de la journée. À leur tête, le grand Wolfred Nelson se veut rassurant : « Soyez tranquilles, il y en aura de tués, et vous prendrez leurs fusils ».

Retranchés dans une imposante maison en maçonnerie ainsi qu'à la distillerie appartenant au docteur Nelson, les patriotes ouvrent un feu nourri d'une grande précision. Devant ce tir plongeant, l'infanterie de Gore est impuissante. Impuissante aussi est son artillerie contre les robustes murs de la Maison Saint-Germain transformée en forteresse par les patriotes - sauf pourtant le premier boulet qui pénètre par une fenêtre, tuant d'une traite quatre défenseurs.

Vers 14 heures, bientôt à court de munitions, Nelson envoie le jeune George-Étienne Cartier quérir de la poudre et du plomb. Cartier rapplique alors avec de nouveaux renforts recrutés dans les villages de Saint-Antoine, de Contrecœur, de Saint-Ours, de Saint-Roch et de Verchères. Leur arrivée galvanise le moral des défenseurs qui décident de passer... à l'offensive! On lance alors la « compagnie des bâtons de clôture » qui, armée d'inoffensives branches ressemblant à des mousquets, surgit de la forêt pour surprendre l'ennemi. L'habile tactique provoque la panique chez les militaires qui croient être en face d'une troupe d'insurgés bien armés. Après sept heures de combat et devant des pertes qui s'accumulent, Gore décide de se replier, abandonnant armes et bagages aux patriotes restés maîtres des lieux.

La grande victoire de Saint-Denis est à la fois inespérée et lourde de conséquences. D'un côté, jamais les patriotes n'avaient décidé de défier la plus puissante armée du monde. Tout au plus cherchaient-ils, par leur défense héroïque, à protéger leur vie et à couvrir la fuite de leur chef Papineau vers les États-Unis. Leur victoire contre l'armée anglaise est donc d'une ampleur historique. En effet, les gains obtenus allaient s'estomper deux jours plus tard par la défaite encaissée à Saint-Charles. D'un autre côté, ce succès inouï impose dès lors aux patriotes d'aller jusqu'au bout de leur engagement, devant une armée plus que jamais déterminée à écraser toute résistance. Aussi, au soir de la victoire, Wolfred Nelson se doit de ramener ses hommes à la réalité :

> *Mes amis nous avons droit d'être fiers de notre victoire, vous avez fait noblement votre devoir, mais nos têtes sont maintenant en jeu. Il n'y a plus moyen de reculer, il faut que nous tenions bon et que nous acceptions, comme des hommes, les conséquences de nos actions.*

Combien de morts ?

Le décompte des pertes lors de la bataille de Saint-Denis soulève la controverse, d'un côté comme de l'autre. Selon Amédée Papineau, on compterait une soixantaine de morts chez les Britanniques. Toutefois, certains soutiennent que des cadavres de soldats anglais auraient été jetés dans le Richelieu afin de minimiser les pertes réelles et l'ampleur de la défaite. Selon l'historien Laurent-Olivier David, il y aurait plutôt eu 30 morts chez les Anglais, tandis que l'historienne Elinor Kyte Senior parle, elle, de six morts, dix blessés et six disparus. Du côté patriote, il y aurait eu douze morts et sept blessés, soignés avec respect par le docteur Wolfred Nelson lui-même. Parmi les victimes, on retrouve le député de Vaudreuil, Charles-Ovide Perrault, un jeune avocat d'à peine 28 ans, mort d'une balle à l'abdomen.

Un cri de guerre

Alexandre Belliard a beau le chanter tout doucement, il sait que « Saint-Denis » est aussi le cri de guerre des chevaliers français, notamment durant la guerre de Cent Ans contre l'Angleterre (1337-1453). « Saint-Denis » et « Mont Joie » (une colline non loin de Paris) étaient scandés par la cavalerie féodale au moment de donner l'assaut. Saint Denis, consacré patron de Paris, est en fait le saint patron de toute la France, dont la dépouille est conservée en la cathédrale Saint-Denis au nord de Paris, aux côtés de la plupart des rois de France. Saint-Denis, un nom en somme prédestiné pour rappeler la seule grande victoire patriote.

Le « loup rouge » Nelson

Anglophone originaire de Sorel, Wolfred Nelson « est [d'abord] un ardent *tory* porté à détester tout ce qui est catholique et canadien-français [...]. Mais une connaissance plus intime de ces gens change complètement son point de vue ». Il devient alors à Saint-Denis le « loup rouge » (ainsi désigné pour « Wolf-red » Nelson) : un chef inspirant, enraciné dans la communauté francophone de Saint-Denis, où il est médecin et entrepreneur. À 29 ans, il épouse Charlotte-Josephte Noyelle de Fleurimont, qui est issue d'une famille seigneuriale et catholique. Nelson est alors mêlé à une foule d'activités dans sa communauté, où il jouit d'un grand respect. Il est notamment propriétaire d'une distillerie, qu'il tient avec le docteur Kimber et son beau-frère, Louis Deschambault, seigneur de l'endroit. Nelson se lance en politique en 1827 pour dénoncer l'attitude du gouvernement anglais. La mort de son ami Louis Marcoux, impunément assassiné à Sorel en novembre 1834, sonne le signal de son engagement total derrière la cause patriote. Il préside ensuite l'assemblée patriote des Six Comtés, où il prononce un discours d'une extrême violence : « Eh bien, moi je prétends que le temps est arrivé de fondre nos plats et nos cuillères d'étain pour en faire des balles ». Après la défaite de Saint-Charles, Nelson entreprend de se réfugier aux États-Unis, mais il est capturé près du Mont-Orford, emprisonné à Montréal, puis exilé aux Bermudes avec sept de ses compagnons. Revenu en 1842, il mène encore une grande carrière politique, étant élu deux fois maire de Montréal, puis nommé… inspecteur aux prisons! Mort en 1871, le corps de Wolfred Nelson est inhumé au cimetière anglican de Sorel. Sur sa tombe, on peut encore lire : « Ici repose la plus noble réalisation de Dieu, un honnête homme ».

Le pape à la rime riche

Louis-Honoré Fréchette (1839-1908) est le plus grand poète québécois du XIXe siècle. Adulé de son temps, il est aujourd'hui tombé dans l'oubli. La poésie sert à Fréchette de prétexte pour dépeindre de vastes fresques héroïques. Sa grande œuvre, *La légende d'un peuple* (1887), paraphrase d'ailleurs le titre de celle de son mentor Victor Hugo : *La légende des siècles* (1859-1883). À travers 47 poèmes, *La légende d'un peuple* raconte l'épopée française en Amérique, de Jacques Cartier à Louis Riel. Le poème Saint-Denis qui inspire cette chanson d'Alexandre Belliard en est d'ailleurs issu, parmi d'autres morceaux consacrés aux patriotes.

Fréchette n'avait rien du poète éthéré. Actif en politique et infatigable fondateur de journaux, il s'implique beaucoup afin de réhabiliter la mémoire des patriotes et de leur chef Louis-Joseph Papineau, alors malmenés par les curés et les collabos qui dominent le Québec après l'échec des rébellions. Fréchette pave aussi la voie à toute une école patriotique en poésie, où l'on retrouve notamment William Chapman, Pamphile LeMay et Laure Conan.

Si la poésie de Fréchette a un peu mal vieilli, son théâtre et surtout ses nouvelles ont gardé toute leur fraîcheur et leur intérêt pour la cause patriotique. Dans *Félix Poutré*, il raconte l'histoire désopilante d'un patriote qui trompe ses geôliers en se faisant passer pour fou. Dans *Originaux et détraqués*, il brosse le portrait d'une série de personnages absolument déjantés. Ses contes de Noël sont quant à eux l'occasion pour Fréchette de revisiter les légendes du Québec, narrées par l'ineffable Jos Violon qui commençait toujours sa « parlure » par ces paroles incantatoires :

> *Parli, parlo, parlons, Pour en savoir le court et le long, Passez le crachoir à Jos Violon. Sacatabi, Sacataba, à la porte les ceusses qu'écouteront pas!*

L'euphorie est à son comble dans le camp des patriotes de Saint-Denis après leur victoire contre l'armée anglaise qui abandonne sur place son matériel, dont une pièce d'artillerie. Le soir même, le patriote Philippe-Napoléon Pacaud, enthousiaste, écrit à son épouse : « Je ne sais pas combien j'en ai tué, mais je tirai certainement sans remords... » (Henri Julien, tiré du journal *L'Opinion publique*, 13 octobre 1887).

Dr Wolfred Nelson

CALLIÈRES

La Grande Paix de Montréal (1701)

~

Alexandre Belliard

J'ai quitté mon pays
Tel marin en partance
Pour gagner fort Ville-Marie
En terre de Nouvelle-France

Et de ma nouvelle patrie
Ses arbres et ses rivières
Et ses nations premières
Qui m'auront tout appris
De ces arpents de neige

J'ai combattu les Anglais
Aux côtés de Frontenac
J'ai repris où il laissait
À son dernier bivouac

Puis j'ai été ingénieur
Diplomate, militaire
J'ai été médiateur
Louis-Hector Callières

Gouverneur en ces arpents de neige
Sur la berge du fleuve
Se posent mille canots
Tous les peuples comme un seul
Pour autant d'idéaux

Pour apaiser l'horreur
De ces guerres centenaires
Tous les clans sur l'honneur
Un traité, une trêve
Grande Paix en ces arpents de neige

Et si je rêve aujourd'hui
D'une nation prospère
J'ai le cœur bien rempli
De ces arbres, ces rivières

À jamais en ces arpents de neige...

J. McIsaac

La Grand Paix de Montréal

Dès la fondation de la Nouvelle-France, Samuel de Champlain comprend l'importance de tisser des liens étroits avec les Amérindiens. Pour ce faire, il s'inspire du réseau d'alliances qui existait chez les Premières Nations avant même l'arrivée des Français.

C'est ainsi que la France se liera en Amérique à la communauté huronne et à un chapelet de peuples algonquiens. Les Français se joignaient ainsi au plus vaste réseau de commerce et de diplomatie d'Amérique du Nord-Est.

Devant eux se dressait la puissante confédération iroquoise, alliée aux Britanniques de la Nouvelle-Angleterre. En s'étirant toujours vers l'ouest et la Louisiane, la Nouvelle-France multiplie les ententes avec les nations du centre du continent, un réseau encore presque intact jusqu'à la Conquête. En riposte, les nations iroquoises exercent de terribles représailles contre les établissements français.

Les artisans d'un traité historique

Après avoir détruit la Huronnie en 1649, les nations iroquoises mènent de redoutables attaques contre la colonie française. Après de longues années d'une guerre cruelle et épuisante, les belligérants amorcent des négociations de paix qui conduiront à une réconciliation durable et honorable, une entente solennelle signée à Montréal le 4 août 1701.

Auparavant, des émissaires français, des religieux et des soldats bien acceptés parmi les Amérindiens sont chargés de cette approche diplomatique. Parmi eux se trouve Jean-Baptiste-Nicolas Perrot, le « Français le plus connu à l'Est du Mississipi », un véritable pionnier du Wisconsin dont les audacieux voyages allaient lui permettre de rencontrer bon nombre de tribus amérindiennes.

En mars 1700, au bas d'un premier traité officialisé à Onontagué, en territoire iroquois, sont apposées 13 signatures, incluant celles des Cinq Nations iroquoises. En septembre de la même année, une paix préparatoire est paraphée à Montréal avec les Cinq Nations iroquoises : Sénécas, Cayugas, Onondagas, Oneidas et Mohawks. S'en suivra une invitation à toutes les nations des Grands Lacs à converger vers Montréal, à l'été 1701, pour y ratifier l'entente générale.

Le chef huron Kondiaronk fut le principal artisan du ralliement des nations des Grands Lacs lors d'une conférence tenue au printemps 1701 à Michilimakinac, au confluent des lacs Huron et Supérieur.

Du 23 juillet au 8 août 1701, Montréal accueille 1 300 chefs et ambassadeurs amérindiens, les émissaires de 40 nations autochtones couvrant un territoire s'étendant de l'Acadie jusqu'au Missouri. Parmi les groupes les plus importants, mentionnons les Huron-Wyandot, Abénakis, Crees, Amikoués, Ottawas, Sauteux, Pétuns, Algonquings, Inuts, Ojibwa Miami, Saké, Renards, Folavoine, Poutamis, Sioux. Sans oublier les Cinq Nations iroquoises.

La pointe à Callière

C'est d'abord au village iroquois de Kahnawake que se retrouvent les diverses délégations autochtones. Le lendemain de leur arrivée, les ambassadeurs traversent à Montréal, où 200 canots bien alignés s'approchent au son des salves de canons. Parmi ceux-ci, debout dans son canot, Texancot, âgé de 80 ans, le chef des Tsonontouans, «*faisant des cris de mort en criant Hai! Hai! pleura*[*nt*] *en même temps ceux qui avoient été tuez pendant la guerre*». En provenance d'Iroquoisie, les émissaires arrivaient au terme d'un voyage de plusieurs semaines depuis les Grands Lacs et la vallée du Mississipi. Les arrivants «cabanèrent le long des palissades», c'est-à-dire à la pointe à Callière.

Dans les jours suivants, de nombreux conseils allaient se tenir en présence du gouverneur, de certains généraux, en plus d'autres particuliers dont l'identité devait demeurer secrète... Ces rencontres privées allaient alimenter le débat sur les problèmes courants : les excès entourant la chasse des animaux à fourrure, les prix trop élevés des marchandises françaises, le projet français de fonder Détroit, les tensions entre alliés, les meurtres et enfin, la vente de l'eau-de-vie qui «trouble l'esprit».

La question la plus délicate concernait les échanges de prisonniers; on lui consacra une journée entière. Une fois qu'un consensus se fut dégagé autour de ces grandes questions, la Grande Paix de Montréal pouvait dès lors être conclue le 4 août. La cérémonie protocolaire fut empreinte de solennité et respectait les traditions diplomatiques des deux civilisations en présence : pour les Amérindiens, l'échange de paroles et de wampums et la circulation du calumet scellaient le traité, tandis que pour les Français, les «marques» faites au bas d'un document faisaient office de pacte.

Un sursis pour la Nouvelle-France

La paix était conclue. On avait métaphoriquement planté un grand pin sur la plus haute montagne et ses racines rejoindraient chacune des nations.

Ce traité mettait fin à près d'un siècle d'hostilité entre les Iroquois, les Français et leurs alliés. Désormais, la négociation allait devoir primer sur l'affrontement direct. Les Français reconnaissaient l'autonomie des nations autochtones et s'engageaient à arbitrer les différends susceptibles de survenir entre les nations signataires. De leur côté, les Iroquois promettaient la neutralité en cas de conflit entre les colonies françaises et anglaises. Cette bonne volonté de 1701 allait assurer un sursis de 60 ans à la Nouvelle-France.

Sur le plan diplomatique, la « paix de Montréal » apparaît comme un fait unique dans l'histoire de l'Amérique. Elle allait aussi faire du français la langue commerciale avec les Autochtones (incluant les Iroquois). Encore en 1836, on écrit qu'« *un patois français brodé de phrases anglaises et de mots indiens* » demeure la langue de la traite des fourrures à l'ouest du lac Supérieur...

Louis-Hector de Callières

En 1700, fort Ville-Marie n'est déjà plus la « Cité de Dieu » de Jeanne Mance et Maisonneuve, dont le rêve était d'en faire une mission vouée à la conversion des Autochtones et dédiée à la célébration de la gloire du Christ. Devenue Montréal, la ville est rapidement un important relai du commerce des fourrures, constamment menacée par l'ennemi, en plus de tenir lieu de repaire pour tout ce que la Nouvelle-France compte de sombres coureurs des bois, de canailles et de marchands cupides.

L'alcool coule à flot et les fêtes populaires se succèdent au départ et au retour des expéditions de traite. C'est dans ce climat que débarque, en 1684, Louis-Hector de Callière (1648-1703), gouverneur de Montréal. Aussitôt arrivé, il s'implique dans des opérations militaires destinées à fortifier Montréal et à défaire l'étau iroquois qui bloque la route des fourrures. Son succès est tel qu'il projette même de s'emparer de la ville de New York!

En juillet 1696, de Callière mène avec le gouverneur Frontenac 2 000 troupes – des soldats de la marine, des miliciens et des Indiens – qui accostent au sud du lac Ontario et ravagent le territoire des Onontagués et des Onneiouts. Fort de cette victoire, et tandis que les Iroquois sont affaiblis par les années de guerre et les maladies, de Callière entreprend aussitôt des négociations de paix.

Devenu lui-même gouverneur de la Nouvelle-France à la mort de Frontenac en 1698, de Callière sait que la colonie est à bout de souffle et comprend la nécessité de conclure une paix durable avec ses alliés et les redoutables Iroquois.

Dans son discours proclamant la « Grande Paix », suivant les rituels autochtones, de Callière *« ôta la hache à tous qu'il jeta dans une profonde fosse »*, puis reçut un à un les 31 chefs de délégations auxquels il remit un wampum. Chacun s'avança d'un *« air majestueux »*, tels des *« empereurs romains »* portant un collier de porcelaine, et tint à son tour un discours avec grande éloquence, puis remit ses prisonniers, fit circuler le calumet et enfin ratifia la paix en dessinant sa marque.

En ces arpents de neige...

Bien sûr, on pense à l'écrivain français François-Marie Arouet, dit Voltaire, le plus empressé courtisan des monarques de son époque, à qui l'on attribue le fait que la France n'ait pas porté secours à la Nouvelle-France après la Conquête en 1760, la Nouvelle-France se résumant à ses yeux à *« quelques arpents de neige »*.

Dès lors naissait la légende noire du vieillard au sourire sardonique, rendu coupable presque à lui seul de la perte de la Nouvelle-France. Il est vrai que Voltaire n'est pas tendre envers l'Amérique française, lui, un grand admirateur de l'Angleterre et un farouche adversaire de l'Église, celle-là même si active à convertir les Autochtones du Canada.

Voltaire l'écrira donc sur tous les tons : *« Le Canada, pays couvert de neiges et de glaces huit mois de l'année, habité par des barbares, des ours et des castors »* (1753); *« Je voudrais que le tremblement de terre eût englouti cette misérable Acadie »* (1756); *« On plaint ce pauvre genre humain qui s'égorge dans notre continent à propos de quelques arpents de glace en Canada »* (1757). La version la plus connue est cependant celle tirée de son célèbre roman *Candide*, paru en 1758, où il souligne : *« Vous savez que ces deux nations sont en guerre pour quelques arpents de neige vers le Canada »*.

Mais nulle part Voltaire n'est plus clair et lapidaire que dans sa lettre au ministre Choiseul : « J'aime mieux la paix que le Canada, et je crois que la France peut être heureuse sans Québec » (1763).

Voltaire alors riait de son rire d'enfer;
Et d'un feu destructeur semant partout la flamme
Menaçant à la fois et le trône et l'autel,
Il ébranlait le monde en son délire impie.

— Crémazie

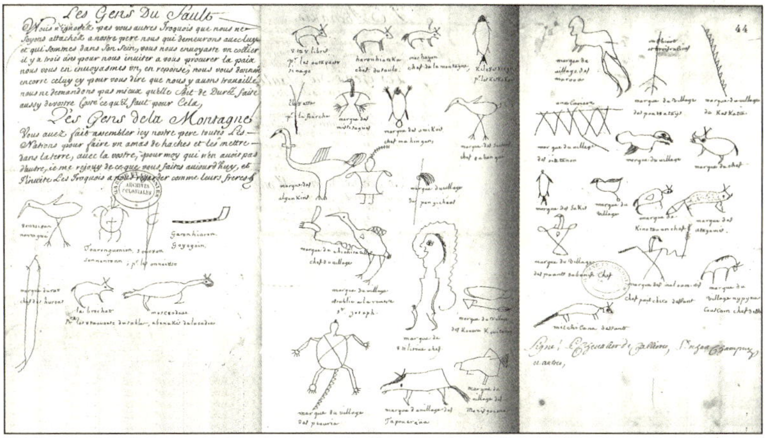

Sur les 39 marques apposées au traité de Montréal de 1701, deux représentent des humains, dont une illustre probablement le chef cri Outilirine. Par ailleurs, 29 d'entre elles illustrent des animaux réels ou surnaturels à signification totémique (tortue, castor, rat musqué, ours, bison, poisson, oiseau du tonnerre, aigle, grue, héron, grenouille), tandis que d'autres représentent un arbre et autres végétaux.

JE SAIS QUE TU SAIS

~

Joséphine Bacon

Tu es ici en conquérant de ma terre
Tu m'emprisonnes dans ma terre
Tu me prives de mon identité
Tu me prives de mon territoire

Tu m'enchaînes dans des réserves
Que tu as créées
Tu veux être maître de mon esprit
Qui suis-je, tu ne me connais pas

Tu m'appelles Montagnais,
Tu m'appelles Cri
Tu m'appelles tête de boule
Tu m'appelles Algonquin,
Tu m'appelles Naskapi
Tu m'appelles Abénaquis
Tu m'appelles Micmac
Tu m'appelles Huron
Tu m'appelles Iroquois

Tu ne me regardes pas
Tu ne me vois pas
Tu ne m'entends pas
Tu ne m'écoutes pas
Tu ne me parles pas

Tu ne sais pas mes légendes
Tu ne connais pas mon histoire

N'attends pas que je me fâche
Telle une tornade
N'attends pas que je me libère
De mes chaînes

Tu ne me regardes pas
Tu ne me vois pas
Tu ne m'entends pas
Tu ne m'écoutes pas
Tu ne me parles pas
Tu ne me connais pas

Photo : Louis-Étienne Doré

Chloé Sainte-Marie et Joséphine Bacon, guerrières et complices
à la Médiathèque Littéraire Gaëtan Dostie.

Nous sommes tous des Sauvages...

L'odieuse Loi sur les Indiens *de 1876 aura eu au moins deux effets pervers. Le premier, évident, fut d'isoler les Autochtones dans une catégorie de seconde zone, sous la tutelle d'un gouvernement fédéral autoritaire, permettant toutes les manœuvres d'assimilation et de marginalisation que l'on connaît, des pensionnats autochtones aux relocalisations forcées.*

Le second effet est qu'au moment où les Premières Nations relèvent la tête et entreprennent de défendre leurs droits, la définition d'« Indiens » a fait en sorte d'asseoir leurs revendications sur une base purement ethnique, contraire au droit ainsi qu'à toutes les traditions du Québec. Depuis, les quelques gains obtenus ont malheureusement eu pour effet de perpétuer l'isolement des communautés autochtones et, ironiquement, de priver certains de leurs membres les plus vulnérables, les femmes et les enfants en particulier, de l'exercice de leurs droits, notamment celui de participer à la modernisation du Québec.

Malgré les contraintes archaïques de la vieille loi fédérale, le gouvernement du Québec a su innover en favorisant une plus grande autonomie aux 14 villages inuits et aux 41 communautés amérindiennes dans des domaines tels que la santé et les services sociaux, l'éducation et la justice.

En 1985, l'Assemblée nationale du Québec a notamment reconnu l'existence de dix, puis de onze « nations » autochtones au Québec. On pense d'abord à celles vivant près de grands centres urbains, les Mohawks et les Hurons-Wendat, celles vivant au sud du Saint-Laurent, les Abénaquis, les Malécites et les Mi'kmaq, et enfin, celles peuplant l'immense territoire du Nord, les Algonquins, les Cris, les Innus, les Attikameks, les Naskapis et bien sûr, les Inuits. Il faut cependant tenir compte que de plus en plus d'Autochtones choisissent de vivre hors de leur communauté, dans des villes telles qu'Amos, Val-d'Or, La Tuque et Montréal.

Onze nations plus une…

Les Mohawks constituaient l'une des cinq nations de la Confédération iroquoise. Les autres vivent aujourd'hui dans l'État de New-York. Avec plus de 17 000 personnes, ils forment la plus importante nation autochtone du Québec. On les retrouve répartis dans trois communautés au sud de Montréal, initialement des missions catholiques destinées à les y convertir : Kahnawake, Akwesasne et Kanesatake. Leur résistance à l'empiètement de leur territoire au début des années 1990 a eu pour effet malheureux d'aiguiser les tensions intercommunautaires et d'enfoncer les préjugés à l'effet que les communautés autochtones étaient infiltrées par le crime organisé et qu'on refusait d'y parler français. En fait, la plupart des Autochtones du Québec parlent leur propre langue ou le français et sont loin de vivre dans l'aisance décrite par certains chroniqueurs.

Quant aux 1 330 Hurons-Wendats, ils vivent tout près de la ville de Québec, dans leur unique communauté de Wendake. Le tourisme est un apport économique très important. Des milliers de touristes visitent chaque année l'église Notre-Dame-de-Lorette, l'hôtel-musée et la Maison Arouanne qui abritent les pièces les plus importantes du patrimoine huron-wendat.

Sur la rive sud du Saint-Laurent, les Abénakis offrent un bel exemple de cohabitation harmonieuse avec les Blancs. On compte plus de 2 100 Abénaquis dans la région de Yamaska, dont 400 demeurent aux villages d'Odanak ou de Wôlinak. Des centaines d'Abénaquis ont plutôt choisi de vivre en dehors de leur communauté.

Plus à l'est, la grande originalité de la culture mi'kmaq réside dans son adaptation aux activités de pêche. La Gaspésie abrite l'essentiel des 5 300 Mi'kmaq à Listuguj à l'embouchure de la rivière Ristigouche et à Gesgapegiag à l'embouchure de la rivière Cascapédia. Les Malécites sont quant à eux proches à la fois des Abénaquis et des Mi'kmaq, avec qui ils forment la Confédération Wabanaki. Ils ne sont pas regroupés en communauté, mais ont surtout leurs racines dans la région du Témiscouata.

Les nations de langue et de culture algonkiennes sont réparties sur un vaste territoire s'étendant au nord de la vallée du Saint-Laurent, loin des villes et trop souvent oubliées des médias. La moitié des 10 000 Algonquins habitent l'une des neuf communautés de la nation, la plupart en Abitibi-Témiscamingue. Leur sort difficile a été porté à l'écran par le film de Richard Desjardins, *Le peuple invisible* (2007).

Les Attikameks sont au nombre d'environ 7 000. Ils habitent principalement Manawan, au nord de la région de Lanaudière, de même que Wemotaci et Obedjiwan, en Haute-Mauricie.

Avec près de 17 000 représentants, les Cris forment la seconde nation autochtone en importance. Les neuf communautés cries sont situées sur les rives de la baie James (Waskaganish, Eastmain, Wemindji et Chisasibi), ainsi qu'à l'intérieur des terres. L'un de ces villages, Oujé-Bougoumou, inauguré en 1993 et conçu par l'architecte amérindien Douglas Cardinal, est un modèle d'intégration au mode de vie des Autochtones.

Les Innus (autrefois appelés Montagnais) sont bien connus puisqu'ils contribuent déjà largement à enrichir la culture québécoise. Qu'on pense seulement à Florant Vollant (Kashtin) ou à Joséphine Bacon justement. Les Innus vivaient traditionnellement de chasse, de pêche et de cueillette jusqu'à ce que la colonisation française les pousse à s'orienter vers le piégeage des animaux à fourrure. La nation innue compte aujourd'hui 16 000 personnes, la plupart réparties dans des communautés de la Côte-Nord : Essipit, Pessamit, Uashat-Maliotenam, Mingan, Natashquan, La Romaine et Pakuashipi. Ils vivent aussi au Lac-Saint-Jean (Mashteuiatsh) et à Schefferville (Matimekosh). Là, les Innus cohabitent avec la nation naskapis du village de Kawawachikamach. Les Naskapis sont les spécialistes de la chasse au caribou dont ils tiraient originalement leur nourriture, leurs vêtements et leurs outils.

Finalement, bien adaptés aux rudes conditions du milieu, les Inuits règnent quant à eux depuis fort longtemps sur la région arctique. La population du Nunavik compte environ 11 000 Inuits répartis dans 14 villages de quelques centaines d'habitants, parfois distants de plusieurs centaines de kilomètres les uns des autres.

Malgré leurs difficultés, toutes ces communautés sont jeunes et en croissance. Le véritable défi consiste surtout pour elles à reconstruire les liens sociaux et à freiner la disparition de leur mode de vie et de leur langue traditionnelle, un enjeu auquel devraient se montrer sensibles les francophones du Québec, eux aussi confrontés à l'érosion linguistique.

Joséphine Bacon

Dès l'aube de notre poésie, les poètes québécois s'émeuvent de la lente disparition des usages autochtones. Dans l'un de ses plus beaux poèmes, *Le dernier Huron*, François-Xavier Garneau affiche son inquiétude à propos du sort des Premières Nations :

> *Triomphe destinée! enfin ton heure arrive,*
> *Ô peuple, tu ne seras plus!*
> *Il n'errera bientôt de toi sur cette rive*
> *Que des mânes inconnus.*

Depuis, les Autochtones ont entrepris de décrire eux-mêmes leur odyssée en marge de l'histoire et leur quête des mots pour la dire. Parmi eux, la poétesse, conteuse et réalisatrice d'origine betsiamite Joséphine Bacon, complice des spectacles de Chloé Sainte-Marie et, en un sens, archéologue des langues et des usages amérindiens. À travers son œuvre, Bacon décrit l'évanouissement de la culture et de la langue innues tout en célébrant leur lien privilégié avec la nature. Au moment de recevoir le Prix des lecteurs au Marché de la poésie de Montréal, elle dira : « *C'est une réelle fierté. Pour moi et les miens. C'est très important de voir que la langue innue peut s'écrire en poésie* ». À sa manière, Joséphine Bacon renvoie aussi aux francophones d'Amérique le message prémonitoire rappelant le mot de Valéry, « *Nous autres, civilisations, nous savons maintenant que nous sommes mortelles* ».

À propos de *Bâtons de message*, un recueil de poésie de Joséphine Bacon, l'éditeur Claude Giroux écrit que :

> [...] *dès l'introduction, la poétesse nous lance « Mon peuple est rare, mon peuple est précieux comme un poème sans écriture ». Mais qu'est-ce qu'un poème sans écriture ? N'est-ce pas une mémoire sans ses traces, comme celles que nous laissons dans la neige et qui disparaissent au printemps ? Aucune trace! Sûrement parce que l'écriture était verbe et que les voix disparaissent avec le temps. Où sont donc les voix et leurs mémoires ? Ne les retrouverions-nous pas chez les Innus? Où sont-ils?*

> *Je ne te vois plus*
> *Sur ta terre,*
> *Je ne t'entends plus*
> *Quand tu rêves*
> *J'ai perdu tes traces.*

Giroux écrit ensuite que la détresse appartient à ceux qui restent : *ils sont dispersés, laissés sans voix. Une profonde tristesse, comme un cri étouffé par les émotions qui accablent. Vivre l'exil chez soi, une fuite impossible, un repliement sur soi-même :*

> *Ma douleur,*
> *Devenue remord,*
> *Est le long châtiment*
> *Qui courbe mon dos*

L'éditeur poursuit en disant que sa poésie est amérindienne : elle est née de sa terre, elle vit des éléments de la nature. *On y chante la vie, l'exode, la souffrance d'un peuple et sa mort lente. Pourtant, dans l'âme du peuple innu, il y a une mémoire qui sait encore la nature, qui sait encore les sons importants :*

Ils marchent
Sans courbure,
Attentifs
Aux sons de la neige
Sous la raquette

Une mémoire à préserver qui connaît sa propre source :

Pense à ton âme
Elle t'a donné la source
Avant la naissance [...]

Dis-moi aujourd'hui
Où je dois aller
Afin de retrouver
Le sentier des anciens.

Au Québec, le terme *Autochtones* désigne à la fois les Inuits et les Amérindiens. En ce qui concerne l'appellation *Premières Nations*, elle ne désigne que les Amérindiens. Le terme *Indiens*, quant à lui, n'est utilisé que dans le contexte de la *Loi sur les Indiens*.

Nous sommes tous des sauvages de Joséphine Bacon et José Acquelin illustre la passion commune des Québécois et des Autochtones pour les délicats frémissements de la nature, métaphore de la fragilité inhérente à ces deux cultures.

PAPINEAU

~

Alexandre Belliard

à la mémoire de Pierre Falardeau

Je suis d'un Parti patriote
D'une voix qui frappe et frappe
Aux portes
D'un parlement outre-Atlantique
D'une monarchie toute britannique

Quatre-vingt-douze résolutions
Sans la moindre considération
Pour seule réponse outre les armes
Victoria nous envoie Durham

Je suis patriote en exil
D'un peuple que l'on maintient fragile
Poudre à canon, Acte d'Union
Ce jusqu'à assimilation

Mais ne reviendrai-je jamais
En ce pays qui m'est si cher
Si l'indépendance n'est pas faite
C'est qu'elle sera toujours à faire

J'ai dû quitter miens et patrie
Fuir car ma tête est mise à prix
Par tous les Colborne, les Gosford
Tories et autres Doric Club

Pour ne pas finir en prison
Comme autant de mes compagnons
Sacrifiés au pied d'un courant
Qui n'emportera jamais leur sang

Je pense à toi Charles Hindelang
Je pense à Narcisse Cardinal
Je pense à toi Charles Sanguinet
J' pense à François-Xavier Hamelin
Je pense à toi Joseph Duquette
Je pense à Théophile Decoigne
Je pense à toi Joseph Robert
Je pense à toi Amable Daunais
Je pense à toi Rémi Narbonne
Je pense à Ambroise Sanguinet
Je pense à François Nicolas
Je pense à toi Marie-Thomas De Lorimier

Ce dessin au plomb attribué à Jean-Joseph Girouard représente la pendaison de cinq patriotes, le 15 février 1838. L'œuvre est sensiblement fidèle au plan historique, à ce détail près que l'échafaud était plutôt tourné vers l'intérieur du mur d'enceinte. On peut d'ailleurs toujours voir ce fameux portail où furent pendus douze patriotes, à Montréal, à l'angle de la rue Notre-Dame et de l'avenue De Lorimier, soit l'emplacement actuel de la Prison-des-Patriotes, centre d'interprétation des rébellions de 1837-1838.

Paroles d'un exilé

Véritable cours d'histoire, cette très belle chanson d'Alexandre Belliard, malgré son air entraînant, évoque l'une des pages les plus sombres de l'histoire du Québec.

« *Je suis d'un Parti patriote / D'une voix qui frappe et frappe aux portes / D'un parlement outre-Atlantique* ». Cela rappelle la lutte du Québec en 1837, alors la colonie du Bas-Canada, soumise au parlement anglais. À la tête du Parti patriote, Louis-Joseph Papineau adresse requêtes sur pétitions afin que la Grande-Bretagne reconnaisse les pouvoirs de l'Assemblée des élus du Bas-Canada et réprime la corruption dans l'administration de la colonie.

« *Quatre-vingt-douze résolutions sans la moindre considération* ». En février 1834, Papineau achemine à Londres le célèbre programme patriote assorti d'une imposante pétition de 70 000 noms. Il faudra attendre trois longues années avant que la Grande-Bretagne daigne répondre sur un ton cinglant aux 92 Résolutions en avril 1837 : les résolutions Russell. Celles-ci rejettent les propositions patriotes et autorisent le gouvernement anglais à faire main basse sur le budget de la province sans le consentement de députés élus. Ce bris de démocratie flagrant entraîne une série d'assemblées populaires à travers le Bas-Canada et, ultimement, les rébellions de 1837-1838.

«*Pour seule réponse Victoria nous envoie Durham*». En juin 1837, la jeune reine Victoria accède au trône d'Angleterre pendant que les patriotes jouent les trouble-fête l'année même de son couronnement. Le 6 décembre, la Grande-Bretagne applique néanmoins la manière forte en décrétant un régime militaire et en abolissant, en mars suivant, la constitution du Bas-Canada. Sa Majesté délègue aussi un nouveau gouverneur doté de pouvoirs étendus et chargé de faire la lumière sur la rébellion de 1837 : John George Lambton, comte de Durham. Dans son rapport déposé l'année suivante, lord Durham prône l'assimilation des Canadiens français afin qu'ils se plient à la suprématie britannique et prennent les traits «*de la race supérieure qui doit à une époque prochaine dominer sur tout le continent de l'Amérique du Nord*».

«*...ma tête est mise à prix / Par tous les Colborne, les Gosford / Tories et autres Doric Club*». De fait, le parti ultra-conservateur des «Tories» tente par tous les moyens de provoquer les patriotes pour les pousser à la rébellion et mieux pouvoir ensuite les écraser. Le Doric Club, fondé en 1836, est cette milice anglophone dont les activités visent justement à harceler les patriotes, ce qu'elle fait notamment lors d'une bagarre à Montréal le 6 novembre 1837. Si le gouverneur Gosford hésite à utiliser la force, le général John Colborne appelle en revanche des renforts afin d'étouffer la rébellion dans le Richelieu, puis dans Deux-Montagnes, le 14 décembre, lors de la cruelle bataille de Saint-Eustache.

«*Acte d'Union / Ce jusqu'à assimilation*». Le plan d'assimilation Durham est mis en œuvre en 1840 par l'Acte d'Union, destiné à noyer la population francophone du Québec dans un Canada-Uni. Le français est interdit dans le nouveau parlement et toutes les lois doivent être rédigées en anglais seulement.

Un nouveau Canadien errant

La chanson d'Alexandre Belliard reprend globalement le thème de celle d'Antoine Gérin-Lajoie, «*Un Canadien errant..., banni de ses foyers, Parcourait en pleurant des pays étrangers*» (1842). On pense d'abord à l'un des 58 patriotes, ceux-là mêmes condamnés à mort, puis finalement exilés en Australie en septembre 1839. On songe aussi, bien sûr, à Louis-Joseph Papineau lui-même, exilé aux États-Unis puis en France jusqu'en 1845.

Or, Belliard nous propose un patriote plus déterminé que celui de Gérin-Lajoie; non pas exilé, mais volontairement en fuite, qui a « *dû quitter miens et patrie / Fuir car ma tête est mise à prix* », sans doute réfugié aux États-Unis, où il réfléchit au sort tragique de ses frères d'armes moins chanceux. Là où le *Canadien errant* se morfond, déplorant que « *ma patrie, hélas! / Je ne la verrai plus!* », l'exilé de Belliard nourrit encore l'espoir, malgré tout de même quelques inquiétudes : « *Mais ne reviendrai-je jamais / En ce pays qui m'est si cher* ».

Plus fondamentale, la différence entre le *Canadien errant* de Gérin-Lajoie et le *Papineau* de Belliard repose sur le destin ultime réservé à la nation québécoise. Là où le *Canadien errant* voit son « *Pays malheureux* », roidissant sous le joug d'une dictature sans issue, le *Papineau* de Belliard croit voir, au contraire, dans l'émancipation et l'indépendance, le destin inéluctable du peuple du Québec. En reprenant le célèbre aphorisme du poète Gaston Miron (« *Si l'indépendance n'est pas faite / C'est qu'elle sera toujours à faire* »), Belliard se place dans la perspective de tout un courant souverainiste et anti-colonialiste des années 1960. Justement ceux pour qui cette émancipation et cette indépendance s'inscrivent dans un processus historique inévitable et « normal », comme le soulignait René Lévesque au soir d'une défaite référendaire à ses militants déçus : « *Mais j'ai confiance qu'un jour... y'a un rendez-vous normal avec l'Histoire que le Québec tiendra* ».

Mes compagnons sacrifiés au pied d'un courant

Au total, 875 hommes sont incarcérés à la prison du Pied-du-Courant de Montréal à la suite de la rébellion de 1838. Du nombre, 99 sont condamnés à la potence, tandis que douze d'entre eux monteront finalement sur l'échafaud; les autres connaîtront l'exil en Australie ou seront libérés sous caution après avoir purgé une peine de prison.

On a châtié et pendu ces douze patriotes pour leur rôle-clé dans le cadre de quatre opérations menées contre le gouvernement de Sa Majesté :

1. Le 3 novembre 1838, un groupe de patriotes de Châteauguay entreprend de désarmer et de capturer des adversaires locaux, puis de marcher sur la réserve de Kahnawake afin d'y prendre des armes. Le lendemain, à l'approche du village, des Autochtones déjà prévenus leur tendent une embuscade et font 64 prisonniers, tous livrés aux autorités de Montréal le jour même. À leur tête, le notaire et député patriote de Laprairie, **Joseph-Narcisse Cardinal**. Aucunement associé à la rébellion de 1837, Cardinal s'engage dans celle organisée l'année suivante, ému des souffrances subies par son peuple. À ses côtés, son jeune apprenti de 22 ans, **Joseph Duquette**, déjà fervent patriote dès son plus jeune âge. Cardinal et Duquette, le professeur et son élève, finiront pendus côte à côte à la prison du Pied-du-Courant le 21 décembre 1838.

2. Quant aux patriotes de Saint-Constant, ils avaient reçu l'ordre de s'emparer du village de La Prairie, puis de remonter la rivière La Tortue pour y désarmer les loyaux du comté. Une fois à la maison d'un dénommé David Vitty, il y a un échange de coups de feu lors duquel une balle perdue touche à mort un loyal particulièrement téméraire. Pour ce « meurtre », pas moins de quatre patriotes seront pendus : l'habitant de Saint-Édouard et père de cinq enfants Joseph Robert, le cultivateur de 41 ans François-Xavier Hamelin, ainsi que les deux frères Charles et Ambroise Sanguinet. Ces derniers, issus d'une famille noble, s'étaient vu déposséder de leur seigneurie de LaSalle. Désormais fermement engagés dans la lutte contre le gouvernement anglais, ils seront finalement arrêtés puis pendus le 18 janvier 1839.

3. Plus à l'ouest, le manoir Ellice de Beauharnois devient la cible des patriotes de Sainte-Martine et de Saint-Timothée qui espéraient y trouver une importante quantité d'armes. Surpris par l'avancée furtive des patriotes, les défenseurs du manoir capitulent sans faire de victimes. Les patriotes s'emparent ensuite du navire à vapeur Henry Brougham afin de couper les communications avec Montréal. C'est un nouveau succès pour les patriotes, dont les nombreux prisonniers sont transférés au presbytère de Châteauguay. Cependant, des volontaires venus du Haut-Canada dévastent la vallée, libèrent les captifs et procèdent à de nombreuses arrestations, dont celle du notaire François-Marie-Thomas de Lorimier. Rebelle convaincu et fidèle participant à de nombreuses batailles, de Lorimier avait réussi jusque-là à échapper à l'armée. Cette fois, il n'y échappera pas : il sera pendu le 15 février 1839 avec quatre autres compagnons d'infortune.

4. Finalement, la bataille d'Odelltown du 9 novembre passera à l'histoire comme le plus important et le plus décisif affrontement de cette rébellion de 1838. Six cent patriotes attaquent alors les milices loyales réfugiées dans une église. À court de munitions, les assaillants doivent cependant battre en retraite. Des centaines de combattants sont écroués à la suite de cette défaite patriote, dont **Amable Daunais, François Nicolas, Pierre-Rémi Narbonne, Théophile Decoigne** et **Charles Hindelang**. Ce dernier affiche un parcours atypique puisqu'il s'agit d'un Parisien familier avec les révolutions européennes, mais qui n'avait sans doute jamais entendu parler du Québec avant de rencontrer des patriotes en exil aux États-Unis. Aussitôt, Hindelang embrasse leur idéal de liberté et se joint au soulèvement de 1838. Finalement capturé, il sera pendu le 15 février 1839 en s'écriant : « Vive la France! Vive la liberté! ». Quant à Daunais et Nicolas, le gouvernement anglais leur voue une hargne plus personnelle puisqu'ils avaient déjà été acquittés pour un meurtre commis contre un espion du gouvernement. Ils sont aussi pendus le 15 février 1839 pour une simple participation à la bataille d'Odelltown. Selon le journal *Herald* de Montréal : « *La providence favorise évidemment les loyaux, puisqu'elle a livré à la justice un si grand coupable; personne ne convient mieux à l'échafaud que* [François] *Nicolas* ».

Construite en 1836 (juste à temps pour accueillir des centaines de patriotes), la prison du Pied-du-Courant tire son nom du courant Sainte-Marie qui coule juste en face, dans l'étroit passage du fleuve Saint-Laurent entre Montréal et l'île Sainte-Hélène.

LES PASPÉYAS

~

William Chapman

Paspébiac s'éveille. – À peine l'aube glisse
Ses premières lueurs sur l'infini mouvant,
Que l'un des vieux pêcheurs du faubourg déjà hisse
Sa voilure ondoyante au souffle âpre du vent.

Un groupe de vaillants s'en va jeter les lignes
Au mitan de la Baie où mord le poisson franc.
Les voiles au lointain semblent des vols de cygnes
Traînant l'ombre de leurs ailes sur le flot blanc.

Soudain un bruit de chaîne arrive à notre oreille…
Le vieil éclaireur vient de jeter le grappin
Et l'on tire à foison de la vague profonde
Les voraces haddocks aux nageoires d'argent.

Battant la marche à toute une blanche flottille
Qui cingle, alertement, le cap sur le soleil.

Et, lorsque midi luit sur l'onde moutonneuse
La flottille gaîment revient au barachois.
Leur cœur constamment flotte entre l'onde et la terre.
En labourant le sol si calme des aïeux

À chaque aube nouvelle, ils partent pour la pêche;
Tous les soirs, dans les prés que Dieu seul irrigua,
Ils mouillent de sueur la faucille ou la bêche,
Et bien rares pour eux sont les jours de dégrat.

Battant la marche à toute une blanche flottille
Qui cingle, alertement, le cap sur le soleil.

Leurs nerfs d'acier les fait triompher des tempêtes;
À nul de ces pêcheurs le suet n'est fatal;
Une longue vieillesse auréole leurs têtes.
Tous s'éteignent tournés vers le grand Banc natal.

Battant la marche à toute une blanche flottille
Qui cingle, alertement, le cap sur le soleil.

Une épopée gaspésienne

Du Mi'kmaq « Tchakibiac » qui signifie batture rompue, terre qui s'avance dans l'eau, le fameux Banc-de-Pêche-de-Paspébiac, qui s'avance vers la mer sur une distance d'un mille, offre une protection naturelle aux bateaux : le barachois.

La ruée sur les bancs de morues...

Au large de l'Amérique du Nord, du Labrador à Cape Cod au Massachusetts et partout dans le golfe, hauts-plateaux s'élèvent sous l'océan Atlantique jusqu'à 200 mètres de la surface. Ces fameux « bancs » constituent de fabuleuses niches écologiques pour les poissons de fond, mais sont, en fin de compte, assez localisés et donc susceptibles de s'épuiser. On mettra finalement quatre siècles à les vider...

Dès la fin du Moyen Âge, des pêcheurs bretons découvrent que la morue prolifère par millions au large de Terre-Neuve. En 1497, Jean Cabot écrit qu'il y a tellement de morues que l'équipage les ramassait tout simplement en descendant une chaudière le long du bateau. En 1534,

Jacques Cartier en rajoute : la morue est si abondante qu'elle ralentit la course de son navire! L'Europe entière découvre alors le plus fantastique site de pêche que le monde n'ait jamais vu, l'équivalent marin de la Terre Promise. Portugais, Basques, Français, Espagnols, Anglais, tous se précipitent alors sur les bancs de Terre-Neuve et du golfe du Saint-Laurent. Cinquante ans après les voyages de Cabot et Cartier, on dénombre dans le golfe près de 500 navires français par année, avant même qu'on ait fondé Québec.

Séchée ou salée, la morue se conserve quasi-indéfiniment, un atout de taille à l'époque des longs voyages transatlantiques sans réfrigération. Moins coûteuse que le bœuf, le porc ou l'agneau, la morue du Canada devient la principale source de protéines des Européens. Elle est en particulier appréciée des catholiques qui doivent se priver de viande pendant les 166 jours de jeûne obligatoire de l'année.

L'empire jersien de Charles Robin

Les expéditions de pêche ne durent cependant qu'un printemps, et tous ces bateaux repartent aussitôt la morue séchée et embarquée. Paspébiac est l'un des premiers établissements permanents fondés en Gaspésie après la Conquête anglaise. C'est là en effet que Charles Robin, originaire de Jersey, une île située entre la France et l'Angleterre, installe en 1766 son centre d'opérations, y collectant le produit de la pêche de tout le littoral, de la Baie-des-Chaleurs à la Côte-Nord, avant de partir vers les marchés mondiaux l'automne venu.

Mais Robin se heurte vite à un problème de main-d'œuvre afin de préparer toute cette morue qu'il faut évider, étêter et désosser puis enduire de sel avant de la sécher au soleil. Même en comptant sur les Acadiens réfugiés à Paspébiac après la terrible déportation de 1755, le village ne compte encore qu'une vingtaine de familles en 1774. Robin fait alors venir un nouveau contingent d'Acadiens réfugiés en Bretagne française qui ne s'étaient jamais acclimatés à un retour forcé dans la mère-patrie. En 1783, des Loyalistes américains débarquent à Paspébiac, ajoutant encore au cosmopolitisme du vieux fond mi'kmaq, basque, breton, acadien et jersien.

Un siècle plus tard, à l'époque où Chapman séjourne à Paspébiac, le journal *L'Écho du golfe* écrit que :

> *C'est une véritable ville* [...]. *Vous y rencontrerez des constructeurs de navires, des forgerons, des menuisiers, des cordonniers, une foule de tailleurs* [...]. *L'on y vend de tout, depuis la fine champagne jusqu'au whisky en esprit, depuis le fil à saumon au câble à tenir solide un vaisseau de 5 000 tonneaux, depuis le coton jaune à la soie brodée* [...].

Cette belle façade masque cependant une réalité plus sombre, celle d'une communauté littéralement asservie à un seul employeur qui exploite sans vergogne la ressource ainsi que les travailleurs de la mer.

Le pêcheur n'était payé qu'à la fin de la saison, sans savoir à l'avance le revenu qu'il allait tirer de ses prises pour payer sa nourriture, ses agrès de pêche, son bateau, le tissu pour vêtir ses enfants et ce qu'il faut à sa famille pour survivre jusqu'à l'automne. Sylvain Rivière rappelle que « *Le pêcheur devait continuer à faire la pêche et vendre son poisson à Robin puisqu'il n'avait nulle part ailleurs où le vendre et, de plus, il devait s'en remettre à lui pour les avances d'hiver* ». Encore en 1960, René Levesque, qui connaît bien la région pour y être né, écrit : « *ils parvinrent ainsi à garder sous leur coupe, dans un véritable servage, des générations entières de pêcheurs, hommes simples pour qui les chiffres étaient une magie noire d'où ne sortaient jamais rien que des dettes* ».

En 1900, les embarcations à moteurs avaient commencé à remplacer la voile et la rame, mais ce n'est pas le cas en Gaspésie, où la Robin n'offre jamais les moyens aux pêcheurs de s'acheter de plus grandes embarcations plus sécuritaires. De même, si les lignes de fonds, les leurres et les filets sont largement utilisés par les pêcheurs de la Norvège et de la Nouvelle-Écosse, ceux de la Gaspésie sortent encore la morue à la ligne à main, une à une.

Le pittoresque spectacle représentant d'hardis pêcheurs partant beau temps mauvais temps à bord de frêles esquifs a sans doute ému le poète William Chapman, ainsi que les premiers touristes qui s'aventurent alors en Gaspésie. Il révèle cependant une vérité plus sombre : celle du sous-développement de la côte gaspésienne, savamment entretenu par quelques compagnies étrangères qui s'en furent une fois la ressource épuisée. La Gaspésie se souvient de ses expériences douloureuses avec les multinationales et a depuis appris à ne compter que sur elle-même et à se méfier des beaux projets de développement concoctés pour elle dans les métropoles.

L'accent paspéyas

En plus des colons acadiens, normands et britanniques, Pasbébiac s'est aussi enrichie de l'apport espagnol, plus précisément des pays basques, qui a pu donner le type court et trapu ainsi que la peau hâlée caractéristique de certains Paspéyas. La contribution de familles venues de l'île de Jersey est aussi notable. Aujourd'hui encore, des noms comme Rehel, LeGrand, LeGros, LeMesurier et LeTouzel témoignent de racines anglo-normandes.

Tous ces apports sont sans doute à l'origine de l'un des accents les plus étonnants du Québec. L'accent paspéyas est en effet unique et ne ressemble pas plus à celui de l'Acadie qu'à celui de Montréal. Plus saccadé et hachuré que l'idiome ailleurs parlé en Gaspésie, celui de Paspébiac a aussi de ces terminaisons en g qui rappellent un peu la Provence ou les langues méditerranéennes. La manière que l'on désigne les habitants, leur gentilé, offre aussi une belle profusion. Selon la Commission de toponymie, outre la forme la plus courante, Paspéya (1888), et sa variante anglaise, Paspyjack (1880), on recense Paspébiacien (1865), Paspéia (1922), Paspéja (1923), Paspeya, Paspéyâ, Paspeyia et Paspillat (1928).

William Chapman

Né à Saint-François-de-Beauce (Beauceville), William Chapman (1850-1917) fut à la fois le rival et l'émule de Louis Fréchette, qu'il imita sans parvenir à le surpasser.

Comme Fréchette, il entre à l'Université Laval en droit après des études classiques à Lévis, la ville natale de Fréchette. Comme Fréchette encore, il délaisse vite le barreau pour le journalisme. Il fut tour à tour rédacteur à *La Patrie*, puis à *La Minerve*, avant de faire carrière comme fonctionnaire à Québec, puis à Ottawa. Ses recueils de poésie sont bien reçus en France où, comme Fréchette, ses œuvres furent couronnées par l'Académie française : *Aspirations* (1904), *Les Rayons du Nord* (1909) et *Fleurs de givre* (1912), d'où est tiré son poème *Les Paspéyas*. Il ne connut cependant jamais le succès au Québec et mourut, misérable, en 1917, dans la ville de Paris alors plongée en pleine guerre mondiale.

La poésie de Chapman est d'abord romantique et patriotique. On pourrait d'ailleurs lui reprocher d'être resté trop près de thèmes déjà bien labourés par Fréchette : l'histoire, la Nouvelle-France, les beautés naturelles du Québec et la lutte épique du peuple canadien, sans cependant posséder le même souffle héroïque que son devancier.

Décidément, ses meilleurs poèmes seront ceux où, devenu plus familier, il décrira les multiples aspects de la vie quotidienne au Québec : *L'orage*, *Le bûcheron*, *Le laboureur* et *Les Paspéyas*, poème dans lequel, selon le grand poète Alfred DesRochers, « *Chapman fut le premier à chanter des Canayens anonymes* ».

En escale à Paspébiac à bord du Secret, Arthur Buies écrit en 1872 : « *Ce qu'il faut remarquer avant tout, c'est l'immense établissement de la maison Robin qui constitue à lui seul une petite cité. La maison Robin emploie environ six cents hommes à la seule préparation de la morue; ces six cents hommes demeurent tous dans l'enceinte de l'établissement qui est divisé par rues et par quartiers, et qui contient des boutiques de menuisier, de charpentier, de tonnelier, de forgeron, de mécanicien... tout ce qui est nécessaire à une exploitation considérable.* »

EN UN SEUL PEUPLE RAPAILLÉ

~

Alexandre Belliard

à Isis, Loïc et Manu

Nous sommes en pays de Miron
De Premières Nations, d'outre-mer
Des hommes qui pour lui lutteront
Nous sommes en pays de nos mères

Nous sommes pays de main tendue
Vers l'avenir, vers l'inconnu
Les enfants naissent d'une terre
Dont le fruit n'est plus défendu

Nous sommes pays d'eau et de vent
De ciel d'été, de ciel de neige
Son Cœur foyer, tison ardent
Toujours battant, souffle les braises

Nous sommes pays que l'on se donne
Avec les mains, avec le cœur
Depuis des siècles, on le façonne
Dans le courage et la sueur

Nous sommes pays chargé d'espoirs
Où le canon est dérisoire
La liberté est à portée
Des voix qui osent la réclamer

Nous sommes pays de vastes frontières
Cheval de bois, cheval de fer
Canots d'écorce tressés de rêves
Et Vaisseaux d'or sur les rivières

Nous sommes en pays boréal
En son printemps inachevé
Un beau grand pays épormyable
En un seul peuple rapaillé

Les beautés naturelles du Québec ont toujours eu leurs bardes au Québec, mais rarement pour les associer au territoire national des Québécois. Il faudra attendre Gaston Miron et les poètes de la révolte pour réconcilier notre nature et notre héritage douloureux. C'est aujourd'hui le projet de souveraineté qui permet le mieux de reconnecter avec notre territoire.

Un pays de jointures et de fractures

Le pays réel tient d'abord de sa géographie, de son relief, de son climat, de son sol, de sa faune et de sa flore, un milieu d'appartenance qui, par osmose, modèle la culture et l'identité collective de ses habitants.

Un pays, c'est aussi bien sûr son histoire : une expérience et une langue communes qui engendrent des traditions jalonnées de légendes superbes et une solidarité nationale, héritière des luttes, des succès et des épreuves.

Des pays européens, il est commun de rappeler l'histoire, l'héritage et la durée. En Italie ou en Allemagne, la tradition nationale se fonde d'abord sur un parcours séculaire jonché de glorieuses civilisations érigées sur l'expérience de la cohabitation durement acquise au fil des siècles. Des pays d'Amérique, en revanche, on rappelle surtout la nature sauvage, les espaces infinis et, comme intégrés au paysage, les Autochtones, ci-devant baptisés « enfants de la nature ». Là, l'identité se fonde au contact du relief ingrat et des forêts profondes, où naît cette mentalité de la *Frontière* des pionniers opiniâtres, fondateurs de mythes qui rappellent tous la quête de la liberté, fille du principe de nature.

Il en va de même avec la tradition littéraire de chaque nation. La poésie européenne trouve ses repères dans son héritage immémorial. C'est Stendhal méditant sur les ruines de l'antique empire romain ou Hugo ressassant *La légende des siècles*. En Amérique, les poètes plongent plutôt leur regard vers l'espace infini et la nature implacable qui vivifient le pays lyrique. Aux États-Unis, on pense par exemple au grand Walt Whitman, à Henry David Thoreau ou, plus près de nous, à Jack Kerouac, dont le voyage intérieur se déroule d'abord en traversant l'espace réel (*On the Road*). Toute la culture populaire américaine est en fait une apologie de l'espace, du western à la « conquête de l'espace ». L'espace américain s'impose aussi aux voyageurs européens. Quand Châteaubriand visite l'Amérique, l'auteur du *Génie du christianisme* – chantre par excellence de l'hymne à l'histoire – entreprend aussitôt l'écriture d'*Atala* : immense ode à la nature sauvage et aux Amérindiens, ses enfants.

Ces deux traditions cohabitent dans la poésie québécoise. La tradition « historique » européenne ou française y est une constante, tandis que l'américanité géographique y pénètre très tôt, notamment par l'influence américaine. Mais l'ambivalence du pays québécois tient à autre chose qu'à la cœxistence de deux grandes traditions poétiques et repose, bien sûr, sur l'absence du pays réel qui permet seul au poète de fonder sa grandeur, à la fois sur sa dimension territoriale et sur sa tradition historique. Le pays géologique et le pays généalogique cohabitent bien dans notre poésie, mais prennent du temps à se fondre du fait de notre aliénation nationale. Car il s'agit bien d'un peuple qui n'a toujours pas de pays et qui se trouve donc incapable de fixer son histoire sur un foyer national où déposer sa mémoire. En attendant, le noble nom de « Canada » a été kidnappé par un pays étranger, et le Québec demeure jusqu'à nouvel ordre une « province », en latin *pro vincis* : le territoire des vaincus.

De ce presque pays, nos poètes et chansonniers ont donc célébré soit l'histoire, soit le territoire, mais rarement les deux à la fois.

L'évocation lyrique des grands espaces et des beautés naturelles du Québec est présente depuis toujours. Chez George d'Or, Gilles Vigneault, Richard Desjardins ou Richard Séguin, le territoire, son fleuve, ses lacs, ses forêts, son satané climat, ses Premières Nations et ses explorateurs – ont bien engendré notre culture et nos traits nationaux, et non l'inverse. D'ailleurs, « *Ce n'est pas un pays, c'est l'hiver* ».

L'espace, en revanche, importe peu aux yeux de Félix Leclerc, d'Alfred DesRochers ou de Fred Pellerin, pour qui il demeure clos, parfois pas plus grand qu'un village utérin, microcosme recroquevillé mais plongeant ses racines dans un passé sidéral, des siècles d'expériences humaines, de chagrins encaissés et de mémoire généalogique : « *Je suis un fils déchu de race surhumaine / Race de violents, de forts, de hasardeux / Et j'ai le mal du pays neuf, que je tiens d'eux* », écrit DesRochers. Certains attribuent cette dualité à notre passé à la fois rural et casanier et à la fois aventurier et coureur des bois. Ces deux traditions devront de toute façon se redéfinir quand le peuple fera l'expérience accablante de la ville et de l'exploitation industrielle.

Nous sommes pays que l'on se donne

L'immense mérite de l'œuvre de Gaston Miron repose en partie sur le dépassement de ces catégories. Poète du territoire ou de l'histoire ? Cette question ne tient plus devant *L'Homme rapaillé*, dont le pays est tout à la fois Espace et Mémoire, fondus en une entité organique mêlant le poids du sol à celui du temps : autant forgée par la « froidure » du climat que par la mémoire coloniale.

et toi, Terre de Québec, Mère Courage
dans ta Longue Marche, tu es grosse
de nos rêves charbonneux douloureux
de l'innombrable épuisement des corps et des âmes

L'Homme rapaillé, c'est celui dont la Mémoire s'incarne enfin dans l'espace national, rompant avec l'histoire d'un peuple exilé en son territoire. On n'est pas loin de la métaphore biblique du peuple errant en quête de la terre promise, dont l'histoire tâtonne, cherchant à s'enraciner en un sol fertile afin d'y faire naître une nation, un pays unique.

L'accent jubilatoire de la chanson de Belliard est donc proprement post-Miron, en plus de s'inspirer allégrement des deux traditions poétiques. « *En un seul peuple rapaillé* » dit bien la réunification du pays en sa nature et en son histoire. Dès lors, il peut tour à tour chanter que « *Nous sommes pays d'eau et de vent* » et que « *Depuis des siècles, on le façonne* ». Nous sommes donc « *De Premières Nations, d'outre-mer* » : à la fois d'Amérique et d'Europe, faconnés par l'Espace et l'Histoire. Ainsi campée dans ses deux terreaux fondateurs, la nation poétique peut s'émanciper et dire au monde ce qu'elle est : « *Nous sommes pays de main tendue* [...] *Où le canon est dérisoire* ».

En revanche, le pays rapaillé que chante Belliard repose tout entier sur un espoir, celui de la souveraineté du Québec : « *Nous sommes pays chargé d'espoirs* [...] *En son printemps inachevé* [...] *la liberté est à portée* ». Ce rêve assure seul la réunification du pays en son histoire et en son espace (« *Canots d'écorce tressés de rêves* »). Dès lors, les « *Vaisseaux d'or sur les rivières* », c'est-à-dire l'aboutissement de nos luttes, de nos rêves, pourront quitter les limbes du fantasme et remonter les affluents du pays réel.

Gaston Miron

Le pays géographique et tellurique, Gaston Miron le connaît bien. Il naît en pleine forêt à Sainte-Agathe-des-Monts dans une famille de colons; son grand-père illettré, qu'il admire pourtant, baragouine de son propre aveu une langue de colonisé, tenant plus de celle des *foremen*, la langue des *boss*. Il grandit dans la misère de la Grande crise qu'il fuit bientôt pour Montréal, antre du *red light*, de la mafia et des conflits ouvriers.

« *Ce verbeux Miron, un dadais mal dégrossi. Bon gigueur et bon joueur d'harmonica, gueulard animateur façon campagnarde, il nous captiva* », écrit Claude Jasmin. Gaston Miron est alors de tous les combats sociaux, politiques ou littéraires. Son parcours de poète est tout entier confondu avec le militantisme et l'action directe en vue de promouvoir la justice sociale et la langue française : la grande victime de notre asservissement collectif à la culture de l'Empire. « *Il affiche tout son être sur la place publique* », écrit le poète Jacques Brault. Fervent nationaliste, Miron milite au RIN, au Mouvement de libération populaire, au Front du Québec français.

Animateur d'innombrables récitals de poésie, membre fondateur des éditions de l'Hexagone, devenu le phare de toute la jeune poésie, il participe aussi à toutes les manifestations sur la langue. Les artisans de la première Nuit de la poésie lui doivent presque tout. En octobre 1970, le poète et militant pacifiste est arrêté et emprisonné par une morgue militaire et selon des procédés aveugles qui rappellent les pires dictatures d'Amérique latine.

L'éditeur de l'Hexagone se consacre longtemps à publier l'œuvre des autres. Éternel insatisfait de son propre travail, Miron se refuse longtemps à fixer ses vers par une publication. On retrace d'abord son œuvre par bribes dans des journaux et revues tels que *Liberté* ou *Parti pris*. La première édition de *L'Homme rapaillé* voit le jour en 1970 grâce à l'insistance d'un ami. *L'Homme rapaillé* est ce monument littéraire, traduit dans une demi-douzaine de langues, qui parle du Québec mais en qui toute l'Humanité se retrouve. Une œuvre finement ciselée d'ailleurs, que le poète peaufinera au fil de sept éditions consécutives. Mais par-delà ses écrits, Miron demeure le « poète de l'oralité ». Toute une génération aura ainsi appris à aimer le Québec au son de sa voix claire et bien timbrée.

QUELQUE CHOSE COMME UN GRAND PEUPLE

~

Alexandre Belliard

J'ai appris des champs de bataille
Et des visages de ceux qui luttent
Et de leur cœur tout le courage
Puisé à même ce qu'ils croient juste

Puis j'ai foncé tout droit devant
Comme ceux qui avancent en sachant
Qu'ils ne seront plus jamais les mêmes
Pour ce qu'ils défendent et ceux
qu'ils aiment

En rêvant pour la première fois
De quelque chose comme un grand peuple
Combattant jusqu'à la prochaine fois
Jusqu'à la naissance d'un grand peuple

Et j'ai porté les espérances
Jusqu'à l'aube de mon pays
J'ai vu poindre la délivrance
En un seul mot, en chaque oui

Attendez… que je me rappelle
De Gaulle se ralliant à nos cris
Et 76 comme un poème
Et des combats de toute une vie

En rêvant pour la première fois
De quelque chose comme un grand peuple
Combattant jusqu'à la prochaine fois
Jusqu'à la naissance d'un grand peuple

En rêvant d'une prochaine fois
De quelque chose comme un grand peuple
Combattant pour une ultime fois
Et l'indépendance d'un grand peuple

À la prochaine fois...

Je n'ai jamais pensé que je pouvais être aussi fier d'être Québécois que ce soir. Je veux remercier du fond du cœur tous les Québécois, dans tous les coins du Québec, qui n'ont pas eu peur du changement nécessaire dans le Québec. Je voudrais remercier aussi et féliciter, dans tous les coins du pays, tous ceux qui depuis une dizaine d'années, des milliers, et encore depuis un mois, ont travaillé si fort, d'une façon surhumaine, pour amener ce résultat qui est venu, pensons-y, en une dizaine d'années. C'est tellement vite dans l'histoire d'un peuple. On n'est pas un petit peuple, on est peut-être quelque chose comme un grand peuple.

L'histoire de René Lévesque tient beaucoup du western classique. Cette histoire, c'est celle d'un rebelle turbulent qui ne fait jamais rien tout à fait comme les autres, qui apprend un anglais de ruelle, qui sèche ses cours pour jouer au poker, qui s'engage comme correspondant de guerre alors qu'il est pacifiste et pas vraiment encore journaliste. Le plus grand premier ministre de l'histoire du Québec n'a même pas fini son baccalauréat! Sauf que le rebelle a du charisme et sait rassembler; il sait écouter aussi, mais sans juger. Profondément honnête, il catalyse tout un peuple en demeurant à son diapason. Il en devient tout naturellement le héraut derrière lequel on se rallie : des millions de Québécois se reconnaissent en lui. Puis, à la fin, c'est le duel ultime contre le traître, évidemment. Lévesque est indéfectible, mais son peuple hésite, chancelle, si bien que le traître triomphe. Lévesque ne s'en relèvera pas. Il accède dès lors au rang de martyr. Depuis, il y a deux raisons pour faire l'indépendance : pour nous-mêmes et pour lui.

J'ai appris des champs de bataille

S'étonnera-t-on que ce sont les jésuites qui aient formé René Lévesque ? Au Collège de Gaspé, puis au Collège Saint-Charles-Garnier de Québec. Ils le dotent d'une solide formation classique et lui inculquent des valeurs profondes sur l'importance de préserver nos traits nationaux, en particulier en Gaspésie où l'anglais est si bien vu et le français – la langue des pêcheurs et des colons misérables –, si avili et dévalorisé. Arrivé à l'Université Laval, son intérêt pour les études s'émousse et il préfère s'exercer comme annonceur radio plutôt que d'explorer les subtilités du droit romain. La guerre lui ouvre une porte qu'il n'hésite pas à franchir. Devant la menace de la barbarie nazie, le monde change rapidement. René Lévesque veut participer à la lutte, mais surtout pas comme soldat de l'armée royale du Canada, mais bien comme correspondant de guerre de l'armée des États-Unis. Durant la reconquête de l'Europe, il est en première ligne, accompagnant l'armée de Patton. L'un des premiers à pénétrer dans un camp de la mort, celui de Dachau en Bavière, il en rend un témoignage poignant.

À son retour du front, il a gardé le goût du monde et entre à Radio-Canada pour en parfaire sa connaissance. Correspondant de guerre en Corée en 1951, il accompagne notamment les soldats québécois. Quand il est ici, le journaliste vedette voit bien les défauts du Québec duplessiste, mais il est davantage attentif alors aux soubresauts d'un monde en pleine Guerre froide, propulsé dans l'ère atomique.

On s'étonnerait aujourd'hui qu'une simple émission d'affaires publiques ait joué un si grand rôle. Quand Lévesque prend la barre de l'émission *Point de mire* en 1956, c'est l'occasion de sa première véritable prise de contact avec le public québécois. Pour la première fois, un animateur de télévision s'adresse aux téléspectateurs en des mots de tous les jours sans les prendre pour des imbéciles. C'est de là que date son extraordinaire complicité avec son peuple. Si *Point de Mire* révèle René Lévesque au public québécois, la grève des réalisateurs de Radio-Canada, qui s'amorce à la fin de 1958, révèle Lévesque à lui-même. Il prend alors la mesure du mépris dont les travailleurs francophones sont l'objet. Il réalise aussi la force d'un mouvement collectif et combien son peuple est alors prêt à se mettre en marche. Le train de la Révolution tranquille s'ébranlait alors, et Lévesque allait être un des premiers à sauter à bord.

« Maîtres chez nous »

Ministre vedette de « l'équipe du tonnerre » de Jean Lesage, René Lévesque ne tarde pas à bousculer ceux qui veulent tranquillement remplacer l'ancien régime. On oublie souvent aujourd'hui que sa grande quête, à part la souveraineté, fut de combattre la corruption et la fraude électorale. Tant que René Lévesque put y voir, jamais, ni avant ni depuis, la politique au Québec ne fut aussi propre.

Son projet de nationalisation de l'électricité ne passe pas auprès du premier ministre Lesage. Mais Lévesque n'en démord pas. Avec son équipe, il monte donc soigneusement son dossier, allant même chercher des garanties financières à Wall Street. Finalement, il force la tenue d'une élection générale sur ce seul thème et autour d'un slogan qui fera date : « Maîtres chez nous ». C'est gagné. Ce peuple de porteurs d'eau devient du coup seul propriétaire de toutes ses ressources hydroélectriques et bâtit depuis des barrages dignes des pyramides, et ce, « en français ». Félix Leclerc dira de lui : « *Dorénavant, il fera partie de la courte liste des libérateurs de peuples* ».

Mais Lévesque voit bien que l'aboutissement normal de la Révolution tranquille doit être la souveraineté. Il claque donc la porte du Parti libéral en 1967 et fonde le Parti québécois l'année suivante. Il ne fut ni le premier souverainiste, ni même le plus ardent. Sa contribution essentielle aura cependant été d'insuffler la confiance à son peuple et de rallier autour de cette idée des Québécois de toutes les allégeances, de toutes les régions. S'opère alors l'osmose entre lui et les Québécois : nombreux sont ceux qui ne partagent pas ses idées, mais tous l'aiment et l'apprécient comme un ami. Pour toute une génération, il devient « ti-poil ».

La victoire du Parti québécois le 15 novembre 1976, il la décrit ainsi : «*À mon humble avis, je ne sais pas comment l'évaluer, mais je suis sûr que c'est à peu près, politiquement, la plus belle et peut-être la plus grande soirée de l'histoire du Québec*».

Le gouvernement qu'il dirige de 1976 à 1985 sera le plus réformiste et le plus novateur que nous ayons connu. Tout y passe : financement des partis politiques, protection du consommateur, protection du territoire agricole, loi anti-briseurs de grève et, bien sûr, la Charte de la langue française qui fait du français la langue commune au Québec. On tarde cependant à déclencher ce fameux référendum qui doit permettre au Québec de franchir une étape cruciale en devenant « un pays comme les autres ». C'est finalement une défaite cuisante le 20 mai 1980 : les Québécois n'ont pas suivi Lévesque.

Le duel contre Trudeau

Depuis le début des années 1960, le Québec résiste à toute réforme de la constitution canadienne puisqu'il risque d'en faire les frais. Profitant de l'affaiblissement de Lévesque après le référendum, Pierre Elliott Trudeau entreprend immédiatement de faire adopter une nouvelle constitution canadienne qui ne reconnaît ni la nation québécoise ni de pouvoirs spécifiques au Québec. Lévesque riposte, s'alliant à sept autres provinces contre Trudeau. Croyant remporter son duel, Lévesque est démoli au matin du 5 novembre 1981 : pendant la nuit, l'homme des basses œuvres de Trudeau, un certain Jean Chrétien, a réussi à isoler le Québec qui se retrouve à un contre dix. Lévesque conteste alors ce geste devant la Cour suprême en invoquant le droit de véto du Québec. Le jugement lui donne raison, mais permet à Trudeau de faire ce qu'il veut : « *le rapatriement sans le consentement du Québec est illégitime mais légal* ». Lévesque est à bout. Lui qui devait conduire son peuple à la souveraineté doit accepter une diminution de ses pouvoirs et se plier à une constitution que le Québec n'a pas signée.

Jacques Parizeau, René Lévesque et Camille Laurin

À sa mort, le 1er novembre 1987, des dizaines de milliers de personnes défilent devant sa dépouille exposée à Montréal et à Québec, lui rendant hommage comme à un membre de leur famille. On exprime bien sûr de la reconnaissance, mais aussi une pointe de culpabilité envers celui qu'on a souvent envoyé seul pour venger nos rancœurs. Alors qu'il menait pour nous un combat historique, couette au vent et cigarette au bec, il fut souvent abandonné par les siens et laissé à lui-même. Il demeure dans les mémoires ce Québécois du XXe siècle : respectueux des autres, prudent à l'excès et maître de la double négation (« *on n'est pas un petit peuple* »). En fait, il sut surtout rassurer son peuple, même au milieu des épreuves, même quand c'est lui surtout qui prenait les coups, et puis nous chantait « *à la prochaine fois!* ».

À LA BAIE D'HUDSON – D'IBERVILLE

~

Louis Fréchette / Alexandre Belliard

Dans la rafale, au loin, la neige à flot pressée
Roule sur le désert ses tourbillons glacés
L'horrible giboulée aveugle; le froid mord;
La nuit s'approche aussi – la sombre nuit du Nord

Des voyageurs là-bas, affrontent la bourrasque
L'ombre les enveloppe et le brouillard les masque
Ils vont, toujours traçant leur immortel sillon
Au pôle, s'il le faut, planter leur pavillon

Il fallait étouffer les oursons au repaire
Et d'Iberville, un fort que rien ne désespère
Avec cent compagnons armés jusqu'aux dents
Malgré la saison rude et ses grands froids mordants

À travers des milliers d'obstacles fantastiques
Avait pris le chemin des régions arctiques
Pour reprendre à l'Anglais ces postes importants
Il fallait prévenir les secours du printemps

Sans un sentier battu, sans guide, sans jalons
Ils franchirent les monts, les ravins, les vallons
Précipice ou torrent, forêt ou fondrière
Rien ne peut entraver leur course aventurière

Les canots sur l'épaule et les raquettes aux pieds
Ces fiers coureurs des bois, ces chasseurs, ces troupiers
Semblaient, dans les brouillards de ce ciel nébuleux
Les fantômes errants d'un monde fabuleux

Puis le verglas fangeux, que le printemps fait fondre
Change en marais glacé la route qui s'effondre
Nul ne recule un jour dans un torrent qui gronde
D'Iberville lui-même est englouti sous l'onde

Il s'échappe, mais deux braves sont noyés
Plus tard quand le héros rentra dans ses foyers
Il avait arraché trois forts à l'Angleterre
Conquit toute une zone, et sur mer et sur terre.

Prodigieux d'Iberville

L'ampleur de ses exploits est telle qu'il est difficile de nos jours de les croire véridiques, si ce n'étaient des preuves historiques irréfutables qui en témoignent. Son intelligence, sa ténacité, son audace et son indéfectible dévouement envers l'Amérique française font de Pierre Le Moyne d'Iberville le premier et peut-être le plus grand héros de l'histoire du Québec.

Né à Montréal le 16 juillet 1661, troisième fils du grand Charles Le Moyne (1626-1685), il allait connaître la gloire militaire partout en Amérique, souvent accompagné de ses frères, dont plusieurs devaient mourir au combat.

Dès son plus jeune âge, d'Iberville se prépare à une carrière de marin en explorant le fleuve et en chassant dans les îles de Boucherville. À l'âge de 25 ans, il se couvre de gloire dès son premier mandat militaire. Avec ses frères Jacques et Paul, 70 voyageurs canadiens, soldats de l'armée régulière et une poignée de guides amérindiens, d'Iberville mène en 1686 une époustouflante expédition destinée à chasser les Anglais de la région de la baie d'Hudson.

Le périlleux voyage se fit en remontant le cours tumultueux de la rivière Outaouais jusqu'au lac Témiscamingue, puis, de lacs en lacs, au prix de portages épuisants, jusqu'à la rivière Moose et enfin, à la baie James 85 jours plus tard! Seuls des voyageurs expérimentés, téméraires et familiers des étendues nordiques pouvaient assurer le succès d'une aussi éprouvante équipée de 1 300 kilomètres.

C'est cette odyssée que décrit le poème de Louis Fréchette que chante Alexandre Belliard.

Les Français passent ensuite rapidement à l'assaut de fort Moose. Pendant le combat, d'Iberville pénètre le premier dans le fort, l'épée d'une main et son pistolet de l'autre. Soudain, les portes se referment derrière lui et il se retrouve seul devant 17 Anglais. Il se bat quand même comme un lion, permettant ainsi à des compagnons de le rejoindre. Une légende est née! Cette bataille ne fut que la première d'une série d'éclatantes victoires. En quelques semaines, tout le sud de la baie d'Hudson s'était converti au français, alors que d'Iberville prenait les commandes à fort Moose. Malgré la pénurie de vivres, on lance aussitôt une offensive contre fort Albany, pris le 25 juillet 1688. Quand le commerce anglais des environs est finalement démantelé, on confie à d'Iberville le commandement de trois forts anglais rebaptisés Saint-Louis (Moose), Saint-Jacques (Rupert) et Sainte-Anne (Albany). Jouant ensuite au flibustier dans les alentours de la rivière Nelson, l'intrépide corsaire s'empare encore de deux navires anglais avant de mettre les voiles sur Québec en octobre 1687, le navire chargé à ras bord de fourrures et de marchandises anglaises.

Un guerrier impitoyable

D'Iberville revient à Québec juste à temps pour prendre part à la campagne d'hiver de 1690 contre les colonies anglaises. L'année précédente, au pire de la guerre contre l'Angleterre et ses alliés iroquois, le gouverneur Frontenac avait constitué trois détachements de Canadiens et d'alliés amérindiens, visant directement les colonies de la Nouvelle-Angleterre. Pierre Le Moyne et son frère Jacques agissent comme commandants en second d'un de ces détachements qui devaient attaquer Corlaer

(Schenectady, N.-Y.). Arrivée sans coup férir par une nuit froide du mois de février, la troupe de 114 Canadiens et de 96 Amérindiens passe aussitôt à l'attaque.

Les assaillants entrent dans le village en poussant des cris de guerre, pillant et brûlant la quasi-totalité de l'établissement. Soixante habitants perdirent la vie et 25 autres furent faits prisonniers. Avant la fin du jour, les Canadiens et leurs alliés victorieux reprirent le chemin de Montréal, rapportant 50 chevaux chargés d'un fabuleux butin. La renommée de Pierre Le Moyne d'Iberville ne cessait de grandir.

L'année suivante, d'Iberville est de retour à la baie d'Hudson à la tête d'une flottille de trois navires de guerre à la poursuite des Anglais. Apprenant l'arrivée imminente des Français, le commandant du fort New Severn choisit de faire sauter les bâtiments et de prendre la poudre d'escampette sans offrir la moindre résistance.

Frontenac ordonne ensuite à d'Iberville, dont le nom fait désormais frémir les Britanniques, de patrouiller les côtes des colonies anglaises afin d'entraver les communications entre l'Angleterre et ses colonies. Cet été-là, il capture pas moins de trois navires!

En 1694, d'Iberville est de retour à la baie d'Hudson avec pour mission de s'emparer de fort York. Cette fois, au lieu d'attaquer l'ennemi de front, il imagine une étonnante stratégie consistant à dresser un blocus afin de priver l'adversaire d'un élément essentiel à sa survie : le bois de chauffage. Dès le lendemain, les occupants du fort, pourtant bien pourvus en armes et en nourriture, doivent se rendre, incapables de supporter le froid plus longtemps. L'établissement fut aussitôt renommé fort Bourbon.

Après un séjour en France en 1696, d'Iberville est nommé à la tête d'une petite flotte de frégates afin de prêter main forte à Joseph Robinau de Villebon, gouverneur de l'Acadie, aux prises avec la flibuste anglaise. D'Iberville capture une frégate anglaise et en met deux en déroute. Il passe ensuite à l'attaque du fort William-Henry, à la frontière de l'Acadie et de la Nouvelle-Angleterre. Le commandant du fort, Pascoe Chubb, capitule avant même que les Français n'aient pu passer à l'attaque. D'Iberville fait alors raser le fort et expédie 92 prisonniers vers Boston.

Il met ensuite le cap sur Terre-Neuve, où ses volontaires canadiens marchent sur St.John's, qui se rend après un bref siège. Les Français incendient ensuite la ville, puis détruisent 36 établissements anglais le long de la côte, faisant 700 prisonniers au terme de la campagne la plus destructrice de la carrière de d'Iberville.

L'exploit à bord du Pélican

D'Iberville doit cependant reprendre la route de la baie d'Hudson, où plusieurs postes sont retombés aux mains des Britanniques. Cette nouvelle campagne sera l'occasion d'un exploit unique dans les annales militaires de la Nouvelle-France.

Le 5 septembre 1697, au large du Manitoba actuel, son vaisseau (le *Pélican*, 44 canons) se retrouve face à trois navires anglais : le *Hampshire* (56 canons), le *Dering* (36 canons) et le *Hudson-Bay* (32 canons). Le *Pélican* se trouve alors isolé, le brouillard empêchant toute communication avec le reste de l'escadre. Après plus de trois heures de combat, contre toute attente, les Anglais sont durement battus. À l'encontre de toute la tradition maritime, le *Pélican* tire non pas ses boulets dans la mâture des bateaux adverses, mais sous la ligne de flottaison. C'est ainsi qu'il coule le *Hampshire*. Démâté, le *Pélican* est cependant incapable de se lancer à la poursuite du *Dering* en déroute, mais il prend à l'abordage le *Hudson-Bay* et fait main basse sur sa riche cargaison. Qui plus est, les forts anglais se trouvent alors à découvert et le corsaire prend facilement fort York, à l'embouchure de la Hayes. D'Iberville venait de mener sa plus brillante campagne.

Fondateur de la Louisiane

La paix de 1697 entre la France et l'Angleterre contraint d'Iberville à jeter son regard vers d'autres horizons. Toujours habité par le désir de donner l'Amérique du Nord à la France, il plaide en faveur de l'établissement d'une colonie française à l'embouchure du Mississippi :

> *Si la France ne se saisit pas de cette partie de l'Amérique qui est la plus belle, pour avoir une colonie* [...] *la colonie anglaise qui devient*

très considérable s'augmentera de manière que, dans moins de cent années, elle sera assez forte pour se saisir de toute l'Amérique et en chasser toutes les autres nations.

Son plan est ambitieux : étrangler les colonies de la Nouvelle-Angleterre, entre le Canada au nord et la Louisiane au sud.

Le 2 mars 1699, il réussit là où Robert Cavelier de LaSalle avait échoué : il trouve, par voie de mer, l'embouchure du Mississippi. Trois expéditions successives permettent ensuite de construire les forts Maurepas (Biloxi), Mississippi et Saint-Louis (Mobile). Mais d'Iberville sait, fort de son expérience, qu'aucune forteresse ne vaut de solides alliances avec les peuples amérindiens des environs. Des amitiés furent donc activement nouées et plusieurs missionnaires et coureurs des bois français sont envoyés pour vivre au milieu de leurs nouveaux alliés. D'Iberville recommande immédiatement la colonisation de la Louisiane, puis retourne en France où il est décoré de la croix de Saint-Louis, devenant le premier Canadien à recevoir ce prestigieux honneur.

En 1706, d'Iberville quitte la France pour une dernière fois. À la tête d'une imposante flotte de douze vaisseaux, il va semer la terreur dans les Antilles britanniques, faisant craindre le pire aux établissements anglais. Il pille et neutralise d'abord l'île de Nevis, puis se tourne contre la Martinique où il attaque St.Christopher, qu'il ravage sans merci. Il gagne ensuite la Guadeloupe et assiège Charlestown. Toute l'île capitule en deux jours et la population entière est faite prisonnière, tandis que 24 vaisseaux anglais sont capturés dans leur port avec leur marchandise. Le conquérant fait ensuite relâche à Cuba, où il meurt subitement dans des circonstances demeurées mystérieuses. Il avait 45 ans.

Il est enterré le jour même sous l'église de San Cristobal, à la Havane. Par la suite, sa dépouille est transférée au Palais des Capitaines Généraux, dans ce qui est aujourd'hui le musée de la Ville de la Havane. L'envergure des conquêtes de cet homme d'armes qui est né et a grandi à Montréal se mesure à l'échelle d'un empire : de l'Amérique à la France, des eaux glaciales de l'Arctique aux flots bleus des Caraïbes.

Cuba rend hommage à d'Iberville par cette sculpture monumentale qui trône à l'entrée de la baie de La Havane, entre les vestiges des fortifications de la ville.

Cette célèbre gravure nous est précieuse, car c'est la seule et unique représentation d'un milicien canadien tel qu'il apparaissait aux côtés de d'Iberville, le héros qui s'empara de trois forts anglais de la baie d'Hudson après avoir traversé le Québec entier en raquettes et en traîneau! Derrière cet air canaille et débonnaire se cachait un guerrier redoutable, dur à la tâche et âpre au combat.

LE MARIN

~

François-Xavier Garneau

La nuit est noire et le ciel sans étoiles;
Le vent mugit et frappe, en vain, nos voiles
Que durcissent les frimas.

De la tempête augmente la furie;
La mer blanchit le navire qui crie,
C'en est fait, nous coulons bas!

Adieu patrie! Adieu, plus d'espérance.
Adieu ma femme et ma chère Clémence,
Vous ne me reverrez pas.

Vous m'attendez à cette heure peut-être,
Et vous croyez toujours me voir paraître
Froid et couvert de frimas.

Au cap lointain vacille une lumière…
Mais le vaisseau brisé sombre à l'arrière,
Tous s'élancent dans les mâts.

Tout disparut sous la vague profonde;
Et le marin qui luttait contre l'onde

Répétait encore tout bas :
Vous ne me reverrez pas.

Un fleuve et son peuple

Au moins jusqu'à l'arrivée du chemin de fer et des routes modernes, l'eau, soit le Saint-Laurent et ses affluents, occupe une place fondamentale dans la vie des Québécois.

Depuis toujours, les Amérindiens avaient su tirer parti de ce réseau inextricable de lacs et de rivières coupées de rapides escarpés. Pour ce faire, ils comptent sur un véhicule particulièrement adapté, le canot d'écorce, assez long pour transporter des marchandises, mais assez léger pour être hissé lors des portages. Éventuellement, il sera le véhicule par excellence de la traite des fourrures et de l'exploration de la Nouvelle-France.

Les voitures d'eau

Quand François-Xavier Garneau écrit son poème en 1843, le fleuve et le golfe du Saint-Laurent bourdonnent littéralement d'activités. Pour y circuler, les Québécois bénéficient d'une embarcation très performante : la goélette ou *schooner*. Progressivement, ce type de navire remplace les canots, les barques et les chaloupes à voile qui sont utilisés depuis l'époque française. Jaugeant une trentaine de tonneaux et mesurant une dizaine de mètres, la goélette est très agile, mue par deux voiles auriques et triangulaires. Le type de goélette « canadienne-française » se distingue par son fond plat qui permet de fréquenter les hauts-fonds et de s'échouer sur les battures. On trouve facilement le bois nécessaire à sa construction, et quelques hommes dotés d'un équipement sommaire suffisent à sa construction en quelques semaines. À compter des années 1920, la motorisation donne aux goélettes une nouvelle vie en en faisant un petit caboteur très efficace. Véritable camion du Saint-Laurent, c'est en goélette que les agriculteurs de Lévis approvisionnent les marchés de Québec, que le courrier est distribué le long des villages de la Côte-du-Sud et que les maraîchers desservent les marchés de Montréal.

Le fleuve fait alors vivre tout un peuple de débardeurs, de pilotes, de grossistes, de traversiers et de voyageurs, qui animent à leur tour d'innombrables auberges installées à proximité des quais à une époque où un simple voyage de Québec à Montréal peut représenter jusqu'à cinq nuitées à l'hôtel. Le transport des passagers est assuré, après 1809, par des navires à vapeur de la compagnie de John Molson, qui relient bientôt Montréal et Québec en seulement deux jours.

L'hiver, le fleuve et les rivières conservent une intense activité. En face de Montréal, on installe le pont de glace qui permet de traverser à Longueuil, de recueillir la glace, de poser une voie de chemin de fer temporaire et même d'installer des débits de boissons pour réchauffer les passants. Les rivières gelées constituent enfin d'excellents chemins que les habitants empruntent en traîneau, les préférant aux abominables routes du Québec.

La pêche miraculeuse

Partout la pêche est pratiquée à l'année longue à bord d'esquifs, de barques ou de goélettes. Elle varie l'ordinaire de l'habitant durant les jours maigres et le carême et permet de desservir le marché des villes. On pêche l'alose sur la rivière des Prairies, pratiquement avec un seau tant elle est abondante, la perchaude dont on tire l'exquise gibelotte dans le lac Saint-Pierre, et le grand maskinongé en Mauricie. Plus on descend le fleuve, plus la pêche prend des allures industrielles et se retrouve au cœur de la vie quotidienne : les hommes partant chaque matin sur une mer hasardeuse, les femmes et les enfants s'affairant à apprêter le poisson. L'hiver est passé à chasser le « loup marin » et autres « vaches de mer » (béluga), et l'été, durant le frais, à cueillir l'anguille à même la plage par la pêche à la fascine. Dans le golfe, la morue règne en maîtresse. La condition des pêcheurs s'apparente cependant à un servage maritime tant les familles de pêcheurs sont tenues en otage par des compagnies sans scrupule qui achètent à vils prix le produit de pêches alors fabuleuses.

Un cimetière de bateaux

Le grand commerce international circule aussi sur le Saint-Laurent. Car il faut dire, écrit Albert Jobin, qu'à l'ouverture de la navigation, les voiliers arrivaient en grand nombre : « *Une fois la passe franchie, les navires s'amenaient à la file indienne au nombre de 30, 40 par jour; en juin 1840, 116 arrivent à Québec dans une seule journée. Pour la seule année 1847, 1 437 vaisseaux laissaient leur cargaison à Québec* ». Le commerce impérial permettait d'exporter le bois du Québec et le blé de l'Ontario et d'importer les produits manufacturés anglais. Il est alors contrôlé par des hommes d'affaires puissants dont les compagnies arment d'énormes vaisseaux, tels que le *Great Eastern*, construit à Québec en 1849 et longtemps le plus grand bateau du monde. Vers 1880, les ports de Québec et de Montréal acquièrent leur silhouette industrielle avec leurs quais et leurs voies de chemin de fer. Les immenses silos à grain qui s'élèvent dans le port de Montréal témoignent de l'époque où la métropole était le terminus de tout le blé de l'Amérique britannique.

Le Saint-Laurent demeure cependant l'une des voies d'eau les plus périlleuses du monde. Les courants, les vents, le brouillard, les hauts-fonds sont autant de facteurs qui en rendaient la navigation difficile et en font un véritable cimetière de bateaux. Longtemps, le fleuve capricieux protégea la Nouvelle-France de l'invasion; la flotte anglaise s'en souviendra amèrement, après qu'en 1706, 34 de ses vaisseaux aient échoué au large de la Côte-Nord. Depuis, des milliers d'autres naufrages ont jalonné l'histoire du Saint-Laurent : pour la seule décennie 1856-1866, on en dénombre pas moins de 700. Partout le fleuve est donc endigué, le fond dragué, les écueils balisés. En 1867, on trouve déjà 131 phares de signalisation maritime entre Montréal et Gaspé. Rien n'y fit. Malgré toutes ces mesures, en 1914, l'*Empress of Ireland* heurte un autre navire au large de Sainte-Luce et coule en seulement 14 minutes, entraînant dans la mort 1 100 passagers. Mais pour chacun de ces naufrages spectaculaires, combien de pêcheurs noyés dans l'estuaire ? Combien de pierres tombales sans sépulture ou de messes célébrées dans les petites églises de la côte pour le salut de leur âme ?

Malgré les aides à la navigation et les technologies modernes, le fleuve Saint-Laurent demeure indomptable. Les marées peuvent y dépasser six mètres, les courants sont forts et multidirectionnels, les hauts-fonds nombreux et la visibilité souvent obstruée, particulièrement en hiver, alors que la glace accroît encore le danger. Encore aujourd'hui, les navires commerciaux de plus de 100 pieds de long doivent obligatoirement être guidés par des pilotes brevetés. Se perpétue ainsi une autre grande tradition québécoise, celle des valeureux pilotes qui assurent cette vieille complicité entre un peuple et son fleuve.

Celui qui donna une histoire à son pays

Du temps de François-Xavier Garneau (1809-1866), tous ceux un tant soit peu versés en littérature se sont essayés à la poésie, genre littéraire qui règne alors en maître. La poésie française domine le monde, et la renommée à l'époque de Lamartine ou de Hugo s'apparente de nos jours à celle de Stephen King ou de J. K. Rowling (deux millions de personnes aux funérailles de Victor Hugo). En l'absence de maisons d'édition, c'est d'abord par les journaux que se font connaître les poètes du temps comme Crémazie, Fréchette et Garneau. Déjà, à l'époque, leurs poèmes deviennent rapidement des chansons populaires plaquées sur de vieux airs, témoignages de leur circulation dans la tradition orale.

L'Histoire du Canada depuis la découverte, parue en trois volumes en 1852, est un événement fondateur pour la littérature québécoise. Non seulement l'œuvre de François-Xavier Garneau se démarque par son ampleur et sa qualité littéraire, mais surtout, elle révèle aux Québécois la richesse et la grandeur de leur histoire, particulièrement en brossant un portrait héroïque de la Nouvelle-France. L'histoire devient tout à coup à la mode. Poètes, romanciers et chansonniers s'abreuvent à l'œuvre de Garneau pour rédiger des poèmes épiques évoquant l'arrivée de Jacques Cartier, les faits d'armes durant la Nouvelle-France ou la silhouette féline du farouche Indien. La contribution de Garneau à notre poésie nationale se mesure donc moins à l'aune de ses 19 petits poèmes qu'à titre de celui qui donna une histoire à son pays et qui livra le premier récit de notre fabuleuse épopée en Amérique.

En 1963, Michel Brault, Marcel Carrière et Pierre Perrault consacrent aux pêcheurs de L'île-aux-Coudres un film, sans doute le plus beau de notre cinéma. *Pour la suite du monde* rappelle un métier aujourd'hui disparu, celui de pêcheur de béluga, autrefois pratiqué à grande échelle dans le fleuve. On utilisait pour ce faire des fascines qui permettaient d'emprisonner la proie quand la marée descendait, un procédé aussi utilisé pour d'autres poissons, telle l'anguille, et dont on peut encore voir les beaux vestiges le long des battures du Bas-Saint-Laurent.

MARIE ROLLET – QUÉBEC 1617

~

Alexandre Belliard

Embarquée à Honfleur sur un voilier géant
Avec Louis Hébert, avec vos trois enfants
Tu as troqué Paris pour la rude Amérique
Ses espaces infinis aux confins de l'Arctique

Une famille s'enracine
Enfin en Nouvelle-France
Tu es à l'origine de neuves espérances

Et en bien des manières, tu fus partout première
Marie Rollet
« Pionnière… de nos pionnières », comme le disait Champlain
Marie Rollet

Avant de labourer, ne serait-ce qu'une parcelle
Construire une cabane grande comme une nacelle
Défricher de tes mains la terre encore sauvage
Partout te rendre utile, le front toujours en nage

Et même après la mort de ton mari tu restes
La mort qui frappe encore, Marie Rollet tu restes
Le sol devenu anglais Marie Rollet tu restes
Ce pays est en toi, et c'est toi qui le fais

Tant à fouler ce sol, qu'à prodiguer des soins
Tant à faire l'école, qu'à t'occuper des tiens

I. McIsaac

Pionnière… de nos pionnières

Longtemps la France tâtonne en Amérique et longtemps Québec n'est qu'une de ces missions plus ou moins toutes vouées à l'échec. Souhaitant elle aussi goûter au sucre, à l'or et au tabac du Nouveau Monde, la France laisse d'audacieux aventuriers s'épuiser pour elle, les soutenant peu ou pas du tout.

C'était compter sans un brillant explorateur, l'égal chez nous de Colomb ou de Magellan : Samuel de Champlain, qui conjugua tous les talents. Malgré son génie visionnaire, Champlain lui-même hésite : l'Acadie ou la Floride ? La Caroline du Sud ou la vallée du Saint-Laurent ? Supputant les avantages et les inconvénients de chaque site, Champlain met aussi parfois en jeu la vie de ses compagnons. Parmi eux, un apothicaire parisien à la cour du bon roi Henri IV : Louis Hébert. Né en 1556, Hébert n'hésite pas à tout abandonner pour suivre le grand capitaine, quitte à y engager l'ensemble de sa fortune, ses trois enfants, ainsi que sa jeune épouse, la bien nommée Marie Rollet.

En mars 1604, Louis Hébert appareille avec Champlain, en tant qu'« homme de médecine », pour fonder une colonie en Acadie. Deux mois plus tard, l'expédition entreprend d'hiverner sur le minuscule îlot de Sainte-Croix, à l'extrême sud du Nouveau-Brunswick actuel. Dévastée par la famine, le scorbut et un hiver rigoureux, la colonie quitte son île maléfique et s'établit dès le printemps au poste de Port-Royal, de l'autre côté de la baie de Fundy, fondant du coup l'Acadie française.

De retour en France en 1613, Louis Hébert retrouve M. de Champlain qui vient de fonder Québec où il compte établir une colonie plus durable. Il convainc alors Hébert, qui avait épousé Marie-Rollet vers 1601, de s'embarquer avec sa famille. Certaines sources proposent qu'elle l'ait même accompagné en Acadie. Cette fois sera la bonne : le couple vend sa maison et son jardin parisien et, en 1617, part à la conquête de l'Amérique avec ses trois enfants. Aussi attiré dans l'aventure, Claude, le propre frère de Marie Rollet, se joint à eux.

À quelques jours du départ, le couple apprend que le contrat qui les lie à la compagnie en charge de la colonie est une escroquerie : les concessions de terres et le salaire promis sont comprimés de moitié, et les membres de la famille réduits à une quasi-servitude. Mais il est trop tard pour reculer!

« Et en bien des manières, tu fus partout première »

Partie de Honfleur à bord du Saint-Étienne pour une longue et pénible traversée de trois mois (deux fois plus qu'il n'en faut d'habitude), la famille Hébert débarque à Québec en juin 1617.

Louis Hébert avait obtenu une concession de terre d'environ cinq arpents. Il choisit pour sa maison un emplacement au sommet d'une petite falaise, près de l'actuelle cathédrale de Québec. Jusqu'à maintenant, la Compagnie de Caen – l'ancêtre de la Compagnie de la Nouvelle-France ou « des Cent Associés » – y avait interdit la culture. Tels des squatters, Louis et Marie s'entêtent quand même à défricher et à cultiver leur lopin de terre. Ils auront la Compagnie à l'usure et travaillent durant une décennie comme des forçats, en butte aux vexations des compagnies qui se battent entre elles pour le monopole du commerce. La famille noue rapidement de fructueux échanges avec les bandes autochtones qui les initient à la culture du maïs et leur enseignent à braver les rigueurs du climat.

La première récolte fut une agréable surprise. Quand Champlain leur rend visite l'année suivante, il est épaté tant l'apothicaire a trouvé le moyen de se constituer un jardin extraordinaire : « *Les jardins de l'Abitation sont chargés de toutes sortes d'herbes, comme choux, raves, laitues, pourpier, oseille, persil et autres herbes, citrouilles, concombres, melons, pois, fèves et autres légumes* », écrit Champlain. Louis et Marie cultivent aussi de nombreux « simples » : des plantes médicinales d'Europe et d'Amérique. Malgré les embûches, la récolte permet bientôt à la famille de subvenir à ses besoins : des bovins broutent l'herbe des pâturages, des champs de céréales couvrent les terres hautes et un verger donne bientôt de belles pommes de Normandie.

En 1623, le couple à la fois audacieux et déterminé gagne enfin son pari : leur concession est agrandie et érigée en fief noble sur les bords de la rivière Saint-Charles.

Somme toute, Louis Hébert et Marie Rollet multiplient les « premières » à cette époque : première famille à demeurer à Québec, première maisonnée à tirer sa subsistance du sol, premier noble foyer également propriétaire d'un fief! Plus encore, quand leur fille aînée Anne épouse Étienne Jonquet en 1617, il s'agit du tout premier mariage célébré à Québec. À son tour, lorsque Guillemette épouse Guillaume Couillard en 1621, on célèbre le plus ancien mariage consigné dans les registres de toute la Nouvelle-France.

« Le sol devenu anglais, Marie Rollet tu restes »

En janvier 1627, Louis Hébert fait une mauvaise chute sur la glace et meurt à l'âge de 52 ans. Devenue veuve, Marie Rollet se retrouve sans ressources avec de jeunes enfants à sa charge. Qui plus est, en juillet 1629, des corsaires anglais commandés par les frères Kirke s'emparent de Québec. La plupart des nouveaux colons retournent alors en France en catastrophe. Marie Rollet décide plutôt de rester avec ses enfants et ses petits-enfants durant toute l'occupation anglaise et de se retrouver un époux en la personne de Guillaume Hubou. Son rôle est alors capital et, à titre de chef de famille, elle doit tirer profit de ses contacts avec les Autochtones pour assurer la survie de la communauté. Pourquoi est-elle restée ? Probablement parce que le Canada était devenu sa seule et dernière patrie : plus de maison en France, sa fille Anne et son mari Louis désormais enterrés à Québec, son unique destin se trouve ici...

Mais Champlain s'affaire déjà à faire rétrocéder la colonie à la France. Pendant ce temps, il confie à Marie Rollet deux jeunes Autochtones placées sous sa responsabilité prénommées Charité et Espérance. Toute la famille de Dame Rollet entretiendra sans vaciller de féconds rapports avec les Premières Nations; la chef de famille est toujours présente en tant que marraine, avec sa fille Guillemette, aux nombreux baptêmes d'Amérindiens. Finalement, par le traité de Saint-Germain-en-Laye, la colonie est rendue à la France en 1632. Les Français reviennent à Québec où Champlain retrouve la famille de Marie Rollet, demeurée pendant quatre années le seul rameau de l'Amérique française.

« Ce pays est en toi, et c'est toi qui le fais »

Marie Rollet meurt le 27 mai 1649. Elle et Louis Hébert n'ont pas laissé de descendants masculins portant leur nom : leur fils Guillaume aura un fils, mais il mourra aux mains des Iroquois. En revanche, leur descendance féminine sera innombrable.

Mariée à treize ans, leur fille Guillemette a son premier enfant à dix-sept ans, en 1625. Neuf autres suivront, dont Elisabeth (1631), Marie (1633), Nicolas (1635), Charles (1647) et Catherine-Gertrude (1648). Son époux Guillaume Couillard, sieur de L'Espinay, meurt en 1663, mais Guillemette vivra encore de nombreuses années, rendant toujours d'immenses services à sa communauté. Dans cette foulée, elle cédera son terrain à Mgr de Laval en vue de la création du Petit Séminaire de Québec, où un monument commémoratif a été réalisé à partir des pierres originales de sa maison.

Quand elle s'éteint à l'Hôtel-Dieu à l'âge de 78 ans entourée des siens, elle laisse pas moins de 250 descendants qui assureront la postérité de Louis Hébert et de Marie Rollet. En 1800, leur couple arrive au 10e rang au Québec pour le nombre de descendants mariés, atteignant le chiffre de 4 592. Selon une projection, environ 170 000 d'entre nous seraient donc des descendants de Marie Rollet, soit l'équivalent de la population de la Ville de Sherbrooke!

Pratiquement tous les Québécois issus de la Nouvelle-France trouveront un ancêtre provenant d'une demi-douzaine de mariages particulièrement féconds, dont celui de Marie Rollet et de Louis Hébert (voir tableau). Puisqu'on ne conservait que le nom du père, le nom de famille des mères tombe souvent dans l'oubli. Pour vous en convaincre, essayez seulement de retracer le nom de jeune fille de votre mère, de vos deux grands-mères et de vos quatre arrière-grands-mères! Persévérez sur une lignée de dix à douze générations et vous retrouverez peut-être, quelque part, une certaine Marie Rollet.

Les grands couples féconds de la Nouvelle-France

COUPLES	Nombre de descendants en 1800t	Projection du nombre de descendants en 2012
Zacharie Cloutier et **Xainte Dupont**, mariés en 1616	10 850	403 000
Jean Guyon et **Mathurine Robin**, mariés en 1615	9 674	359 000
Martin Boucher et **Perinne Mallet**, mariés en 1629	8 502	316 000
Noel Langlois et **Françoise Grenier**, mariés en 1634	8 445	314 000
Louis Hébert et **Marie Rollet**, mariés en 1602	4 592	170 000

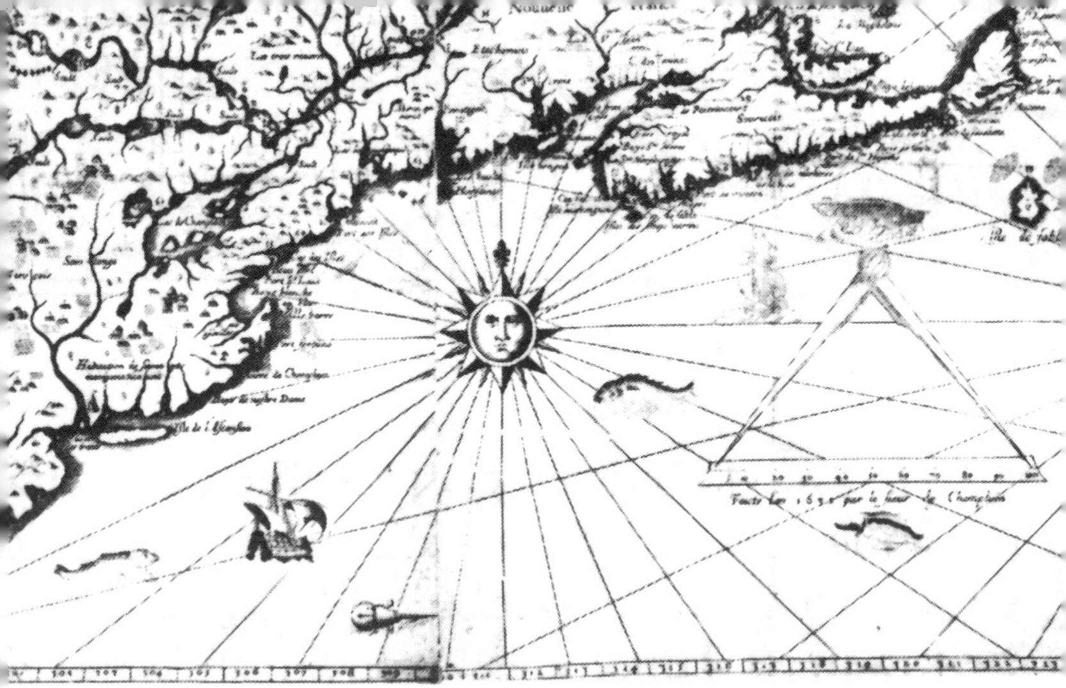

Aucun portrait authentique n'existe de Samuel de Champlain, ni à plus forte raison de Louis Hébert ou de Marie Rollet. Certains historiens croient cependant que derrière cette rose des vents particulièrement détaillée, dessinée de la main même de Champlain sur une carte de 1612, se cache un autoportrait. À l'instar d'une Joconde au sourire énigmatique, on devine toute la malice et l'inventivité du fondateur de la Nouvelle-France.

Œuvre du grand sculpteur Alfred Laliberté, le monument de Louis Hébert fut érigé en 1918, au parc Montmorency de Québec, pour marquer le 300e anniversaire de l'arrivée de la famille Hébert-Rollet. Sur une partie du socle, Marie Rollet serre dans ses bras ses trois enfants : Anne, Guillaume et Guillemette. Sur l'autre, son gendre, Guillaume Couillard, s'appuie fièrement sur une charrue, la première importée en Nouvelle-France.

La prise de parole

Par sa double identité de femme et de canadienne-française, Michèle Lalonde se retrouve très tôt au confluent de deux courants poétiques majeurs au tournant des années 1960 : le combat contre l'aliénation coloniale et le féminisme.

La négritude québécoise

Très tôt, les poètes africains et antillais avaient saisi la portée de l'adage de Gérard Bauër : « *Il y a une chose pire encore que l'infamie des chaînes, c'est de ne plus en sentir le poids* », où l'opprimé accepte sa soumission, en remerciant même son maître. Ce que le grand poète congolais Aimé Césaire appelle la *négritude* « *désigne en premier lieu ce rejet. Le rejet de l'assimilation culturelle; le rejet d'une certaine image du Noir paisible, incapable de construire une civilisation* ».

Concept au départ poétique, la *négritude* prend vite une voie politique. Dans *Les Damnés de la terre* (1961), le Martiniquais Frantz Fanon appelle les peuples opprimés au soulèvement. Il aura une grande influence sur le mouvement des *Black Panthers* aux États-Unis, sur la guérilla guevariste en Amérique du Sud et, plus près de nous, sur le Front de libération du Québec (FLQ), un Pierre Falardeau ou une Michèle Lalonde. Miron disait « *Nous reviendrons, nous aurons à dos le passé, et à force d'avoir pris en haine toutes les servitudes, nous serons devenus des bêtes féroces de l'espoir* ». Pierre Vallières, lui, parle carrément de *Nègres blancs d'Amérique* (1966) pour décrire la condition de ses compatriotes québécois, parias en leur pays et rendus enragés par deux siècles de colonialisme anglo-américain.

La poésie féministe aura plus qu'on ne le pense traversé l'œuvre de Michèle Lalonde. À la suite du *Deuxième sexe* de Simone de Beauvoir (1949), une série de poétesses interrogent la langue elle-même comme véhicule reproduisant l'oppression des femmes. Qu'on pense seulement aux pièges machistes qui se cachent derrière les pronoms « elle » et « il » qui font « ils », ou au règne sans partage qu'exercent alors les hommes sur la vie littéraire. Autour notamment d'Hélène Cixous, la poésie féminine s'attache à démontrer, entre autres, que «*l'hystérie traditionnellement allouée à la femme fournit un exemple typique qui dit bien la souffrance d'un corps en mal de langage; la souffrance d'un individu qui ne participe que très peu aux échanges symboliques, tout en résistant aux signes qui lui sont imposés* ».

Négritude et féminisme conviennent tous deux que l'oppression, qu'elle soit coloniale ou machiste, implique que l'opprimé est complice de son avilissement, que sa propre langue doit être réprimée et son vocabulaire appauvri. La confiscation de la parole devient ainsi un outil d'oppression et d'aliénation, au même titre que le pouvoir politique ou économique. Si les féministes fondent alors la « nouvelle écriture féminine » et s'attaquent aux images avilissantes de la femme, les apôtres de la négritude entreprennent de s'attaquer au pouvoir ainsi qu'à la langue des maîtres et de se réapproprier leur patois d'esclave, trop longtemps méprisé. Aux Antilles, ce sera le créole, en Irlande ou en Bretagne, le gaélique, tandis qu'au Québec, ce sera le joual, joual que Michel Tremblay réhabilite dans sa pièce *Les belles sœurs* l'année même (1968) où Michèle Lalonde crée *Speak White*.

Comme Miron, Michèle Lalonde ne fait cependant pas le choix du joual. Elle prend conscience très tôt de ses « carences linguistiques » et décrit son sentiment d'être étrangère à sa propre langue, qui découle de l'omniprésence de l'anglais dans la société québécoise et du « bilinguisme colonial ». Dans ce contexte, le débat autour du joual est un faux débat. Qu'on dise *joual*, oual ou cheval, peu importe, disait Miron, pourvu qu'on ne dise pas *horse*. Ces poètes semblent alors renouer avec un vieux débat qui avait autrefois déchiré la poésie québécoise entre les « provincialistes », ceux qui défendent une langue québécoise héritée de quatre siècles d'enracinement en Amérique, et les « exotiques » qui souhaitent user d'une langue et de thèmes universels, mais qui, en attendant, les plaçaient à la remorque de la grande littérature française. Ironiquement, Michèle Lalonde se retrouvait dans le camp des « exotiques », mais pour célébrer la fraternité liant tous les peuples muets soumis à l'oppression : « *et comme le sang se mêle à la poussière des rues d'Alger ou de Little Rock* ».

« *Nous sommes un peuple de marmoneux, de jargonneux, de joualeux* » écrivait le Frère Untel dans ses célèbres insolences (1961) : « *Nous avons eu les reins cassés il y a deux siècles et ça paraît* ». À ce triste constat, Miron, Gauvreau et Lalonde opposent la (re)Conquête de la Parole, laborieuse mais nécessaire, afin de renouer avec nous-mêmes et briser le mur du silence. Ces auteurs font d'ailleurs tous le lien entre l'oppression linguistique et l'oppression sociale, et entendent mener la lutte tambour battant, avec la même détermination que ceux qui entreprennent alors la marche vers l'indépendance du Québec.

Pour prendre enfin la parole

S'étonnera-t-on qu'aucune loi québécoise ne protège l'usage du français avant la fin des années 1960 ? Partout bafoué, surtout au travail et dans l'affichage, le français subit une nouvelle menace avec l'arrivée de dizaines de milliers d'immigrants qui choisissent généralement d'envoyer leurs enfants à l'école anglaise. Forcée de légiférer sur le sujet, l'Union nationale de Jean-Jacques Bertrand propose le fameux *Bill 63* qui laisse en réalité le libre-choix aux parents, les encourageant tout au plus à joindre le réseau français. Le 31 octobre 1969, on discute à l'Assemblée nationale du controversé projet de loi. Deux députés mènent alors la lutte contre le *Bill 63* : Yves Michaud et un certain René Lévesque. Pendant ce temps, le Front commun du Québec français organise une manifestation devant le parlement de Québec, où se retrouvent pas moins de 25 000 personnes. Michèle Lalonde en dira : « *Et pour ces vingt-cinq mille Québécois et Québécoises d'alors, j'ai écrit et dédié un poème, qui fut lu ce jour-là devant le parlement et que je vais redire ici».* Ce poème, c'était *La prise de Parole...*

L'odieux *Bill 63* sera quand même adopté mais ne règlera rien du tout, menant plutôt à de nouveaux affrontements intercommunautaires à propos de cet enjeu fondamental. Aucune réponse viable ne sera d'ailleurs donnée à la question linguistique avant 1977, quand le gouvernement du Parti québécois proclamera la Charte de la langue française, qui, malgré les tentatives d'obstruction menées par le gouvernement fédéral et ses tribunaux, demeure encore à ce jour la gardienne de la paix linguistique au Québec.

Speak White

Le 27 mars 1970, au théâtre Gesù, des milliers de Montréalais célèbrent la poésie lors d'un rassemblement grandiose et extatique. La salle étant pleine à craquer, des centaines d'autres sont massés à l'extérieur, menaçant même de forcer les portes. L'événement a fait date et réunit dans la plus grande célébration de la parole qu'ait connu le Québec, les chantres de la langue nationale : quelque 150 poètes venus de toutes les régions du Québec.

Gaston Miron et Claude Hæffely sont les instigateurs de la Nuit de la poésie, marquée par la présence de plusieurs artistes dont Denis Vanier, Claude Gauvreau, Roland Giguère, Gatien Lapointe, Paul Chamberland, Raoul Duguay, Nicole Brossard et Michèle Lalonde qui y présente son poème *Speak White*.

Littéralement «Parlez blanc», *Speak White* est une injure traditionnellement proférée aux Canadiens français lorsqu'ils osaient parler français en public devant des anglophones. L'expression remontait à l'époque coloniale et au régime esclavagiste, signifiant que l'esclave ne doit pas parler sa langue mais bien adopter celle de ses maîtres.

L'insulte fut adressée à d'infinies occasions et parfois aux plus grands des nôtres. En octobre 1899, en pleine Chambre des communes, le député nationaliste Henri Bourassa se fait huer par ses vis-à-vis anglophones qui lui crient : «*Speak White!*». Encore en décembre 1999, des vandales installent une banderole sur le pont séparant le Québec et l'Ontario sur laquelle on pouvait lire : «*From this point speak white!*».

Michèle Lalonde écrit son célèbre poème en 1968 en appui tacite au livre révolutionnaire de Pierre Vallières, *Nègres Blancs d'Amérique*, qui vient d'être saisi par la police. Le poème est ensuite lu sur la scène de la Comédie canadienne par la comédienne Michelle Rossignol. Mais quand Michèle Lalonde entonne elle-même son poème devant la foule hypnotisée durant la Nuit de la poésie, c'est une page de l'histoire du Québec qui allait s'écrire. La poétesse présente alors l'œuvre avec une telle intensité que la foule est debout avant même la fin de la lecture. L'instant sera immortalisé par les caméras de l'Office national du film (ONF) et le travail de Jean-Claude Labrecque et de Jean-Pierre Masse. Ce sera ensuite le cinéaste Pierre Falardeau et son complice Julien Poulin qui adapteront *Speak White* dans un film coup de poing, où la lecture du poème est émaillée d'images évoquant toute la brutalité de l'asservissement colonial.

L'expression *Speak White* n'est plus guère utilisée de nos jours au Québec. Elle demeure cependant le témoignage précieux d'une époque pas si lointaine où les Québécois se faisaient renvoyer en pleine figure le rôle que leur avaient conféré les maîtres anglophones : celui de serviteurs et de porteurs d'eau.

TABLES DES MATIÈRES

CRÉDITS DES ILLUSTRATIONS

L'éditeur a tout fait en son possible afin de retracer la source des illustrations et le détenteur des droits de reproduction.

p. 9 [ill. 1 & 2] Élie de Salvail, *366 anniversaires canadiens*, illustrations de J. McIsaac, Montréal, Les frères des écoles chrétiennes, 1930, p. 558.

p. 14 Bibliothèque et archives Canada, C-18294.

p. 15 *Dr Wolfred Nelson* (1848), Théophile Hamel, Huile sur toile, Musée McCord, M20430.

p. 17 Élie de Salvail, *366 anniversaires canadiens*, illustrations de J. McIsaac, Montréal, Les frères des écoles chrétiennes, 1930, p. 211.

p. 22 Voltaire, par Houdon. Moulage, Photo Gilles Laporte.

p. 23 Traité de la Grande Paix de Montréal (1701), Archives nationales de France, Centre des archives d'outre-mer. Aix-en-Provence.

p. 25 Chloé Sainte-Marie et Joséphine Bacon, guerrières et complices à la Médiathèque Littéraire Gaëtan Dostie, Photo Louis-Étienne Doré.

p. 31 Joséphine Bacon et José Acquelin, *Nous sommes tous des sauvages*, Montréal, Mémoire d'Encrier, 2011.

p. 33 Jean Joseph Girouard, Dessin, Bibliothèque et archives Canada, C-13493.

p. 39 Prison du Pied-du-Courant, Photo Antoine Rouleau, www.flickr.com/photos/rouleau/93687618/.

p. 41 *Pêcheurs de Gaspé*, Photo Clifford M. Johnston, Bibliothèque et archives Canada, PA-056645.

p. 46 La maison Robin. Photo Gilles Laporte.

p. 49 Fjord du Saguenay, Agence Evaway, www.evaway.fr.

p. 57 René Lévesque en Corée en 1951. *National Defence - Radio-Canada/CBC Still Photo Collection.*

p. 60 Le barrage René-Lévesque, photo Hydro-Québec.

p. 65 Élie de Salvail, *366 anniversaires canadiens*, illustrations de J. McIsaac, Montréal, Les frères des écoles chrétiennes, 1930, p. 515.

p. 71 [haut] Monument de d'Iberville à la Havane, Photo Véronique Lépine.

p. 71 [bas] ANONYME, *Un homme allant à la guerre en raquette*, Gravure. Tiré de *Bacqueville de La Potherie*, Claude-Charles, « Histoire de l'Amérique septentrionale... », Paris, 1722, p. 104 Bibliothèque et Archives Canada, C-113193.

p. 73 François-Xavier Garneau, Lithographie, Bibliothèque et Archives Canada C-6721.

p. 75 Goélette, photo de Nicolas Denys, Centre de recherche, Université de Moncton, campus de Shippagan.

p. 78 Pour la suite du monde, Office national du film du Canada. 1962 www.onf.ca/film/pour_la_suite_du_monde.

p. 81 Élie de Salvail, *366 anniversaires canadiens*, illustrations de J. McIsaac, Montréal, Les frères des écoles chrétiennes, 1930, p. 168.

p. 87 [haut] Carte géographique de la Nouvelle-France, dressée par Samuel de Champlain, David Pelletier cartographe (Paris, 1612).

p. 87 [bas] Monument de Louis Hébert, Alfred Laliberté, Photo Gilles Laporte.